MANUEL MYTHOLOGIQUE

DE LA JEUNESSE

par

Charles-Constant Letellier

— 1812 —

Note de l'éditeur:

Afin de faciliter la lecture du texte, nous avons
modernisé la grammaire employée par l'auteur.
Les terminaisons qui ne sont plus d'usage ont ainsi
été remplacées. Il se peut néanmoins, étant donné
leur nombre conséquent, que certaines corrections
nécessaires aient échappé à notre vigilance.

ORIGINE ET UTILITÉ DE

LA MYTHOLOGIE

Demande. Qu'est-ce que la Mythologie ?

Réponse. La Mythologie est la science de toutes les fables de l'antiquité païenne ; elle tire son nom de deux mots grecs, *mythos* et *logos*, qui signifient *discours fabuleux*.

D. Quelle est l'origine des fables qui font le sujet de la Mythologie ?

R. Ces fables doivent, leur naissance à l'altération de l'histoire sacrée et profane, à l'ignorance, au penchant pour le merveilleux, et sur-tout aux passions qui, après avoir affaibli l'idée d'un Dieu créateur, ne laissèrent plus juger des choses que par les sens. Bientôt on vit les hommes adorer le soleil et la lune, parce qu'aucun autre objet ne leur parut plus digne de fixer le principe de religion gravé dans touts les cœurs par l'auteur de la nature : ce premier égarement fut suivi d'une idolâtrie moins excusable. Vers l'an du monde 2700, Ninus, fils de Bélus, roi des Assyriens, fit élever, au milieu de Babylone, la statue de son père et, ordonna à touts ses sujets de lui rendre le culte qui est dû à la divinité. A l'exemple des Assyriens, les nations voisines adorèrent ceux de leurs rois, de leurs guerriers, de leurs grands hommes, qui avaient paru s'élever au-dessus de l'humanité. Saturne, Jupiter, Hercule, et plusieurs autres furent mis au rang des dieux, du consentement unanime de touts les peuples.

> Bientôt une foule d'idoles
>
> Usurpa l'encens des mortels ;
>
> Dieux sans force, ornements frivoles
>
> De leurs ridicules autels.
>
> Amoureux de son esclavage,
>
> Le monde offrit un fol hommage

Aux monstres les plus odieux :

L'insecte eut des demeures saintes

Et par ses désirs et ses craintes

L'homme aveugle compta ses dieux.

(La Motte.)

D. A quoi peut nous servir la connaissance des fables du paganisme ?

R. Cette connaissance nous est très-utile. Elle nous apprend quelle était la croyance religieuse des peuples les plus célèbres de l'antiquité. Elle nous facilite l'intelligence des anciens écrivains, et sur-tout celle des poètes. Elle nous fait comprendre l'intention qu'ont eue les peintres et les sculpteurs dans une infinité de leurs ouvrages. La fable est l'âme de la poésie, qui ne dit rien naturellement, mais relève tout par des images et un langage surnaturel. Ici, les bergers sont des satyres, ou des faunes ; les bergères, des nymphes ; les hommes à cheval, des centaures ; les vaisseaux, tantôt des chevaux ailés, comme dans l'histoire de Bellérophon ; tantôt des dragons, comme dans celle de Médée ; on appela les oranges, des pommes d'or. L'or fut regardé comme une pluie de ce précieux métal, comme dans la fable de Danaé ; les flèches passèrent pour des foudres et des carreaux ; etc. Écoutons Boileau à ce sujet :

Là, pour nous enchanter, tout est mis en usage :

Tout prend un corps, une âme, un esprit, un visage ;

Chaque vertu devient une divinité.

Minerve est la prudence, et Vénus, la beauté.

Ce n'est plus la vapeur qui produit le tonnerre,

C'est Jupiter armé pour effrayer la terre.

Un orage terrible aux yeux des matelots,

C'est Neptune en courroux qui gourmande
les flots.

Écho n'est plus un son qui dans l'air reten-
tisse,

C'est une nymphe en pleurs, qui se plaint de
Narcisse.

Ainsi, dans cet amas de nobles fictions,

Le poète s'égaie en mille inventions,

Orne, élève, embellit, agrandit toutes choses,

Et trouve sous sa main des fleurs toujours
écloses.

D. Les anciens reconnaissaient-ils un grand nombre de
dieux ?

R. Oui. Varron en compte jusqu'à trente mille ; et Juvénal
nous représente *Atlas* gémissant sous le poids du ciel, à cause
du grand nombre de dieux qu'on y avait placés.

D. En combien de classes les anciens partageaient-ils leurs
dieux ?

R. Ils les partageaient en quatre classes. La première com-
prenait les *dieux suprêmes*, ou les *grands dieux* ; ils étaient au
nombre de vingt, dont douze seulement étaient admis au conseil
céleste : c'étaient Jupiter, Junon, Neptune, Cérès, Mercure, Minerve, Vesta, Apollon, Diane, Vénus, Mars et Vulcain. Les huit
autres étaient le Destin, Saturne, Génius, Pluton, Bacchus,
l'Amour, Cybèle et Proserpine.

La seconde classe renfermait les *dieux subalternes*, qui
veillaient aux champs, aux fleurs, aux fontaines, aux arbres,
etc. ; tels que Pan, Pomone, Vertumne, et une multitude d'autres, qu' Ovide appelle la "*populace des dieux*".

On plaçait dans la troisième classe les *demi-dieux*, ainsi nommés, parce qu'ils étaient nés d'un dieu et d'une mortelle, ou d'un homme et d'une déesse, tels que Hercule, Castor et Pollux ; etc.

Enfin, la quatrième classe contenait les *héros*, c'est-à-dire, les rois et les guerriers illustres que les anciens poètes ont célébrés ; tels que Agamemnon, Achille, Ulysse, etc.

PREMIÈRE PARTIE.

DIEUX DE LA PREMIÈRE CLASSE.

Le Destin.

Demande. Qu'est-ce que le Destin ?

Réponse. Le *Destin* était une divinité aveugle qui gouvernait toutes choses par une nécessité inévitable. Les autres dieux et Jupiter lui-même, étaient soumis à ses décrets. Il avait son culte et ses oracles. Il passait pour être fils de la Nuit. On le représente avec un bandeau sur les jeux, tenant l'urne qui renferme le sort des humains, et un livre où l'avenir est écrit d'une manière immuable. Les dieux allaient consulter ce livre, mais ils ne pouvaient y rien changer.

Dorat décrit ainsi le temple du Destin :

Loin de la sphère où grondent les orages,

Loin des soleils, par-delà touts les cieux,

S'est élevé cet édifice affreux

Qui se soutient sur le gouffre des âges.

D'un triple airain touts les murs sont couverts ;

Et, sur les gonds quand les portes mugissent,

Du temple alors les bases retentissent ;

Le bruit pénètre et s'entend aux enfers.

Les vœux secrets, les prières, la plainte,

Et notre encens détrempé de nos pleurs,

Viennent, hélas ! comme autant de vapeurs,

Se dissiper autour de cette enceinte.

Là, tout est sourd à l'accent des douleurs.

Multipliés en échos formidables,

Nos cris en vain montent jusqu'à ce lieu ;

Ces cris perçants, et ces voix lamentables

N'arrivent point aux oreilles du dieu.

A ses regards un bronze incorruptible

Offre en un point l'avenir ramassé.

L'urne des sorts est dans sa main terrible ;

L'axe des temps par lui seul est fixé.

Sous une voûte où l'acier étincelle,

Est enfoncé le trône du Destin ;

Triste barrière et limite éternelle,

Inaccessible à tout l'effort humain.

Morne, immobile, et dans soi recueillie,

C'est de ce lien que la Nécessité,

Toujours sévère, et toujours obéie,

Lève sur nous son sceptre ensanglanté,

Ouvre l'abyme où disparait la vie,

D'un bras de fer courbe le front des rois,

Tient sous ses pieds la terre assujettie,

Et dit au Temps : « Exécute mes lois. »

D. Le Temps est donc chargé d'exécuter les ordres du Destin ?

R. Oui ; et Voltaire nous l'apprend pareillement dans sa *Henriade*. Voici ce qu'il raconte de Saint Louis, au chant septième.

Comme il disait ces mots d'une voix gémissante,

Le palais des destins devant lui se présente :

Il fait marcher son fils vers ces sacrés remparts,

Et cent portes d'airain s'ouvrent à ses regards.

Le *Temps*, d'une aile prompte, et d'un vol
insensible,

Fuit et revient sans cesse à ce palais terrible,

Et de là sur la terre il verse, à pleines mains,

Et les biens et les maux destinés aux humains.

Sur un autel de fer un livre inexplicable

Contient de l'avenir l'histoire irrévocable.

Le Chaos

D. Qu'appelez-vous Chaos ?

R. Le *Chaos* est cette masse informe, dans laquelle le ciel, la terre, la mer, touts les éléments étaient confondus.

> Avant que l'air, les eaux et la lumière,
> Ensevelis dans la masse première,
> Fussent éclos, par un ordre immortel,
> Des vastes flancs de l'abyme éternel,
> Tout n'était rien. La nature enchaînée,
> Oisive et morte, avant que d'être née,
> Sans mouvement, sans forme, sans vigueur,
> N'était qu'un corps abattu de langueur,
> Un sombre amas de principes stériles,
> De l'existence éléments immobiles.
> Dans ce *chaos* (ainsi par nos aïeux
> Fut appelé ce désordre odieux),
> En pleine paix, sur son trône, affermie
> Régna long-temps la Discorde ennemie,
> Jusqu'à ce jour pompeux et florissant,
> Qui donna l'être à l'univers naissant ;
> Quand l'Harmonie, architecte du monde,
> Développant, dans cette nuit profonde,
> Les éléments pêle-mêle diffus,
> Vint débrouiller leur mélange confus,
> Et, variant leurs formes assorties,

De ce grand tout animer les parties.

Le Ciel reçut, en son vaste contour,

Les feux brillants de la nuit et du jour,

L'air moins subtil assembla les nuages,

Poussa les vents, excita les orages :

L'eau vagabonde en ses flots inconstants

Mit à couvert ses muets habitants :

La Terre enfin, cette tendre nourrice

De touts nos biens sage modératrice,

Inépuisable en principes féconds,

Fut arrondie, et tourna sur ses gonds,

Pour recevoir la céleste influence

Des doux présents que son sein nous dispense.

(J.-B. Rousseau.)

SATURNE.

Saturne et Cybèle.

D. De qui Saturne était-il fils ?

R. Saturne était fils du Ciel, le plus ancien des dieux, et de la Terre, la plus ancienne des déesses. Le Ciel s'appelait encore *Uranus*, et la Terre était aussi nommée *Vesta*. Mais elle doit être alors distinguée de *Vesta*, déesse du feu et de la virginité.

D. Le Ciel n'eut-il de fils que Saturne ?

R. Il eut encore *Titan*, qui était l'aîné. Mais celui-ci, pour complaire à sa mère, céda l'empire du monde à Saturne, son cadet, à condition cependant qu'il n'élèverait aucun enfant mâle. C'est pourquoi Saturne les dévorait sitôt qu'ils étaient nés. Mais Cybèle, sa femme, ayant eu d'une seule couche Jupiter et Junon, cacha Jupiter et présenta à son mari une, pierre emmaillottée qu'il dévora. Cybèle fit élever secrètement Jupiter dans l'île de Crète.

D. Titan ne découvrit-il point la supercherie de Cybèle ?

R. Oui ; et il déclara aussitôt la guerre à son frère Saturne. Il le vainquit et le renferma dans une étroite prison, avec Cybèle. Jupiter, devenu grand, les en délivra.

D. Que fit Saturne, lorsqu'il fut rétabli sur le trône ?

R. Il avait lu dans le livre du Destin, que Jupiter lui enlèverait son royaume. Pour prévenir ce malheur, il déclara la guerre à son fils, et lui tendit des embûches, où il croyait le faire périr. Mais Jupiter le vainquit, et le chassa pour toujours du ciel.

D. Où se réfugia Saturne ?

R. Il se réfugia en Italie, où Janus, roi du pays Latin, l'accueillit, et partagea son trône avec lui. Cette contrée fut ensuite appelée le *Latium*, d'un mot latin qui signifie *se cacher*, parce qu'elle avait servi de retraite à Saturne.

D. Comment se comporta Saturne dans le Latium ?

R. Il enseigna aux hommes l'agriculture, et fit fleurir les arts et la vertu. Tout le temps qu'il passa dans cette contrée, fut appelé l'âge *d'or*. Voici la description que Boileau nous a donnée de ce siècle où les hommes furent si heureux :

Touts les plaisirs couraient au-devant de leurs vœux :

La faim aux animaux ne faisait point la guer-re ;

Le blé, pour se donner, sans peine ouvrant la terre,

N'attendait pas qu'un bœuf, pressé par l'aiguillon,

Traçât d'un pas tardif un pénible sillon :

La vigne offrait par-tout des grappes toujours pleines,

Et des ruisseaux de lait serpentaient dans les plaines.

D. Quels noms donna-t-on aux âges qui suivirent le siècle d'or ?

R. On les appela l'âge d'*argent*, l'âge d'airain, et l'âge de *fer*, parce que les hommes se sont toujours pervertis de plus en plus.

D. Que fit Saturne en faveur de Janus qui l'avait si bien accueilli ?

R. Saturne lui accorda la connaissance du passé et celle de l'avenir. Voilà pourquoi Janus est représenté avec deux visages opposés. Le mois de *janvier* lui fut consacré. On lui mettait une clef à la main droite, pour marquer qu'il ouvrait l'année ; il tenait à la gauche une baguette, comme présidant aux augures. Les Romains lui bâtirent un temple, dans lequel il y avait douze autels, un pour chaque mois de l'année. Ce temple était toujours ouvert durant la guerre, et fermé durant la paix.

D. Quels sont les attributs de Saturne ?

R. Saturne était regardé comme le *Temps*, divinité allégorique, représentée sous la figure d'un vieillard, tenant une faux de la main droite, et de l'autre un serpent qui se mord la queue. On lui donne des ailes, et l'on place près de lui un sablier. La faux indique que le temps moissonne tout ; le serpent qui forme un cercle, désigne l'éternité, qui n'a ni commencement ni fin. Le sablier indique la mesure du temps, et les ailes sa rapidité.

Voici le beau portrait que le poète Rousseau nous en a laissé :

Ce vieillard, qui d'un vol agile,

Fuit sans jamais être arrêté,

Le Temps, cette image mobile

De l'immobile éternité,

A peine du sein des ténèbres,

Fait éclore les faits célèbres,

Qu'il les replonge dans la nuit ;

Auteur de tout ce qui doit être,

Il détruit tout ce qu'il fait naître,

A mesure qu'il le produit.

D. Comment nommait-on les fêtes de Saturne ?

R. Elles se nommaient *Saturnales*. On les célébrait, à Rome, au mois de décembre. Pendant qu'elles duraient, le sénat ne tenait point ses assemblées, les écoles publiques étaient fermées, les déclarations de guerre et les exécutions criminelles étaient suspendues et les maîtres servaient à table leurs esclaves, pour marquer que touts les hommes étaient égaux, et que touts les biens étaient communs, sous le règne du bon Saturne.

CYBÈLE.

D. Qu'était Cybèle ?

R. *Cybèle* était femme de Saturne. Les poètes lui ont donné différents noms. Ceux de *Dindymène, de Bérécynthie* et d'*Idée*, lui viennent de trois montagnes de Phrygie, Dindyme, Bérécynthe et Ida, où elle était principalement honorée. Elle était aussi appelée la *grande mère*, parce qu'elle est la mère de la plupart des dieux. On la nommait encore *Ops* et *Tellus : Ops*, veut dire *secours*, parce qu'elle donnait du secours aux humains : *Tellus* signifie *terre*, parce qu'elle présidait à la terre, comme Saturne présidait au ciel. Enfin, elle eut le nom de *Rhée*, d'un mot grec qui veut dire, *je coule*, parce que toutes choses *coulent*, proviennent de la terre.

D. Comment représente-t-on Cybèle ?

R. Elle est représentée assise, parce que les anciens regardaient la terre comme stable. Elle tient un disque ou un tambour, symbole des vents que la terre renferme dans son sein, et qui en sortent avec bruit. On lui donne une couronne de tours et de créneaux de murailles.

D. Quelles étaient les fêtes établies en l'honneur de Cybèle ?

R. Les fêtes de Cybèle s'appelaient les fêtes *Mégalésiennes*, ou les jeux *Mégalésiens*. Ce mot vient d'un adjectif grec qui signifie *grande*, parce que c'étaient les fêtes de la grande déesse. Elles se célébraient au son des tambours, avec des hurlements et des cris extraordinaires. Les prêtres de cette déesse se nommaient *Corybantes*.

D. Cybèle n'est-elle pas aussi regardée comme déesse du feu ?

R : Oui ; et alors on l'appelle *Vesta*. Les poètes distinguent jusqu'à trois *Vesta*, l'une femme du Ciel, l'autre femme de Saturne, et une troisième qui serait fille de ce dieu.

Numa Pompilius, second roi de Rome, avait consacré à Cybèle, sous le nom de *Vesta*, un feu perpétuel, dont le soin était confié à des vierges appelées *vestales*. On ne pouvait rallumer ce feu qu'avec les rayons du soleil : s'il s'éteignait par la faute des vestales, ou si ces jeunes filles violaient leur vœu de virginité, elles étaient enterrées toutes vives.

Jupiter et Junon.

D. Quel rang tient Jupiter parmi les dieux ?

R. Jupiter, fils de Saturne et Cybèle, est regardé comme le plus grand et le plus puissant des dieux : c'était le roi du ciel et de la terre.

Une voie en tout temps par les dieux fréquentée,

Blanchit l'azur des cieux ; on la nomme Lactée.

Elle sert d'avenue à l'auguste séjour

Où Jupiter réside au milieu de sa cour.

On voit aux deux côtés, sous de vastes portiques,

S'ouvrir à deux battants des portes magnifiques,

Vestibules pompeux des dieux patriciens.

Ailleurs, sont confondus les toits des plébéiens.

Au milieu du parvis la façade présente

Des Dieux du premier rang la demeure imposante.

C'est là, s'il faut le dire en langage mortel,

La cour de Jupiter, et le sénat du ciel.

Le dieu, le sceptre en main, se place sur son trône ;

L'immortelle assemblée en cercle l'environne.

De son auguste front le calme s'est troublé ;

Et la terre, et les mers, et les cieux ont tremblé.

D. Comment Jupiter fut-il élevé ?

R. Jupiter fut élevé secrètement dans l'île de Crète, sur le mont Ida. Pour empêcher que ses cris ne le découvrissent à Saturne et à Titan, les corybantes inventèrent une sorte de danse, dans laquelle ils s'entre-frappaient avec des boucliers d'airain. Il fut nourri du lait de la chèvre Amalthée, qu'il plaça dans le ciel, en reconnaissance des bons offices qu'il en avait reçus. Il donna une de ses cornes aux nymphes qui avaient pris soin de son enfance, avec la vertu de produire tout ce que désirerait celui qui en serait le possesseur. C'est la *corne d'abondance*. Selon d'autres mythologues, la corne d'abondance est celle qu'Hercule arracha à Achéloüs changé en taureau.

D. Que fit Jupiter, lorsqu'il fut devenu grand ?

R. Il détrôna Saturne son père, épousa Junon sa sœur, et partagea l'empire du monde avec ses deux frères Neptune et Pluton. Il donna l'empire des eaux Neptune, celui des enfers à Pluton ; et garda le ciel pour lui.

D. Après ce partage de l'univers, Jupiter régna-t-il tranquillement ?

R. Non. Les Titans, ou les géants, fils de la Terre et de Titan, entreprirent de rétablir leur père sur le trône, et d'en chasser Jupiter. Ils s'assemblèrent dans la Thessalie, et entassèrent montagnes sur montagnes pour escalader le ciel. Mais Jupiter les renversa à coups de foudre, et les accabla sous les montagnes qu'ils avaient amassées.

La demeure des dieux ne fut pas respectée.

On dit que des géants l'audace révoltée,

Ivre du fol orgueil d'attaquer Jupiter,

Entassant monts sur monts, escalada l'éther.

> Mais le maître des dieux, armant sa main puissante,
>
> Foudroya de leurs monts la menace effrayante,
>
> Et les débris d'Ossa haussé sur Pélion
>
> Ecrasèrent l'orgueil de leur rébellion.
>
> (Ovide, trad. de Saintange.)

D. Jupiter put-il tout seul venir à bout de tant d'ennemis ?

R. Il avait appelé les autres dieux pour combattre et pour partager le péril avec lui ; mais les dieux furent si épouvantés à la vue des géants, qu'ils s'enfuirent touts en Égypte, où ils se cachèrent sous diverses formes d'animaux : c'est pour cela que, dans la suite, les Egyptiens rendirent aux bêtes des honneurs divins ; Bacchus eut plus de courage que les autres dieux : car, ayant pris la figure d'un lion, il combattit avec fermeté pendant quelque temps animé par Jupiter qui lui criait sans cesse : *Courage, courage, mon fils* !

D. Quels sont les plus fameux d'entre les géants qui firent la guerre à Jupiter ?

R. Ce furent : *Briarée*, qui avait cent bras et cinquante têtes ; *Typhée*, demi-homme et demi-serpent, dont la tête atteignait les cieux ; et Encelade, qui lançait des rochers affreux contre l'Olympe. Les poètes ont feint que ce géant avait été abymé sous le mont Etna, en Sicile, et que toutes les fois qu'il voulait se remuer ou changer de côté, il causait des tremblements de terre.

> Encelade, malgré son air rébarbatif,
>
> Sous le terrible Etna fut enterré tout vif
>
> Là, chaque fois qu'il éternue,
>
> Un volcan embrase les airs,
>
> Et quand, par malheur, il remue.

Il met la Sicile à l'envers.

D. Quel soin occupa Jupiter, lorsqu'il se trouva paisible possesseur de l'empire du monde ?

R. Il s'appliqua à former l'homme. Prométhée, petit-fils du Ciel, ayant voulu imiter Jupiter, fit avec de la terre, quelques statues d'hommes, et, pour les animer, monta au ciel, par le secours de Pallas, et vola du feu au char du soleil. Jupiter, irrité de cette audace, ordonna à Mercure d'attacher Prométhée sur le mont Caucase, où un aigle lui rongeait le foie, qui, en renaissant sans cesse, éternisait son supplice. Hercule, dans la suite, tua l'aigle, et délivra Prométhée.

D. Quel dessein le châtiment de Prométhée inspira-t-il aux autres dieux ?

R. Les autres dieux, indignés que Jupiter prétendit avoir seul le droit de créer des hommes, firent fabriquer une femme par Vulcain ; et, pour la rendre parfaite, chacun lui fit son présent. Pallas, lui donna la sagesse ; Vénus, la beauté ; Mercure, l'éloquence ; etc., et on l'appela *Pandore*, nom composé de deux mots grecs qui signifient *tout don*.

D. Jupiter ne fit-il pas aussi son présent à Pandore ?

R. Oui. Jupiter, pour punir l'orgueil des dieux, feignit de vouloir aussi combler Pandore de ses dons. Il lui fit présent d'une boîte, qu'il lui ordonna de porter à Épiméthée, frère de Prométhée. Épiméthée, par une fatale curiosité, ouvrit la boîte, et aussitôt touts les maux de la nature, qui y étaient renfermés, se répandirent sur la terre. L'espérance seule resta au fond.

Voici ce que J.-B. Rousseau dit à ce sujet :

D'où peut venir ce mélange adultère

D'adversités, dont l'influence altère.

Les plus beaux dons de la terre et des cieux ?

L'antiquité nous mit devant les yeux

De ce torrent la source emblématique,

En nous peignant cette femme mystique,

Fille des dieux, chef-d'œuvre de Vulcain,

A qui le ciel, prodiguant par leur main

Touts les présents dont l'Olympe s'honore,

Fit mériter le beau nom de Pandore.

L'urne fatale, où les afflictions,

Les durs travaux, les malédictions,

Jusqu'à ce temps des humains ignorés,

Avaient été par les dieux resserrés,

Pour le malheur des mortels douloureux,

Fut confiée à des soins dangereux.

Fatal désir de voir et de connaitre !

Elle l'ouvrit, et la terre en vit naître,

Dans un instant, touts les fléaux divers

Qui depuis lors inondent l'univers.

Quelle que soit, ou vraie, ou figurée,

De ce revers l'histoire aventurée

N'en doutons point, la curiosité

Fut le canal de notre adversité.

D. Quels sont les différents noms donnés à Jupiter ?

R. Le principal surnom de Jupiter était *Olympien*, parce qu'on prétendait qu'il demeurait avec toute sa cour sur le sommet du mont Olympe : on l'appelait aussi *le père du jour* ; d'autres l'invoquaient sous le nom de *Jupiter-Hospitalier*, parce qu'il était regardé comme le protecteur des hôtes, et le dieu particulier de l'hospitalité. Il y avait encore *Jupiter-Capitolin, Jupiter-Tarpéien,* parce qu'il avait un temple sur le mont du Capitole, et un autre sur la roche Tarpéienne. Enfin, il était nommé *Jupiter-Ammon* et *Jupiter-Stator.*

D. Pourquoi le maître des dieux fut-il surnommé Jupiter-Ammon ?

R. Ammon, en grec, veut dire *arène ou sable.* Or, Bacchus s'étant égaré un jour dans les sables brûlants de l'Arabie, fut pris d'une soif ardente, et ne pouvait trouver une goutte d'eau. Dans cette extrémité, Jupiter se présente à lui sous la forme d'un bélier, frappe du pied la terre, et fait jaillir une source abondante. Bacchus, en reconnaissance, éleva dans cet endroit un temple sous l'invocation de *Jupiter-Ammon*, c'est-à-dire, *Jupiter des Arènes.*

D. Pourquoi Jupiter fut-il surnommé *Stator* ?

R. Ce surnom lui vient du verbe latin *stare*, qui signifie *s'arrêter*, en mémoire de ce que Jupiter avait tout à coup arrêté les Romains, lorsqu'ils commençaient à prendre la fuite, en combattant contre les Sabins.

D. Les métamorphoses de Jupiter sont souvent célébrées par les poètes, voulez-vous nous faire connaître ces métamorphoses ?

R. On appelle *métamorphose* la transformation ou le changement d'une forme en une autre. Jupiter, dégoûté de Junon, aima plusieurs mortelles, et prit différentes figures pour les séduire. Il se transforma en cygne pour tromper Léda, dont il eut Castor et Pollux ; il se changea en pluie d'or, pour pénétrer dans la tour d'airain où était enfermée Danaé, qui le rendit père de Persée ; il prit la figure d'un taureau, pour enlever Europe, qui lui donna Minos et Rhadamante ; il se métamorphosa en satyre pour surprendre Antiope, dont il eut Zéthus et Amphion. Il se présenta à Alcmène, épouse d'Amphytrion, roi de Mycènes, sous la forme de ce prince, et devint père d'Hercule. Il prit la taille et la figure d'un jeune homme, pour plaire à Sémélé, qui donna le jour à Bacchus. Il emprunta les traits de Diane pour tromper la nymphe Calisto, qui mit au monde Arcas. Enfin, il se fit berger, pour séduire Mnémosyne, de laquelle il eut les neuf Muses.

D. Comment Jupiter est-il ordinairement représenté ?

R. On le représente assis sur un aigle ou sur un trône d'or, au pied duquel sont les deux coupes du bien et du mal qu'il répand à son gré sur le monde. Son front est chargé de sombres images ; ses yeux, menaçants brillent sous de noirs sourcils, son menton est couvert d'une barbe majestueuse, il tient le sceptre d'une main ; de l'autre, il lance la foudre. Les vertus siègent à ses côtés. On le revêt aussi d'un manteau d'or. Denys le Tyran étant entré dans un temple, lui fit ôter ce vêtement, en disant qu'il était "*pesant en été, et froid en hiver*" ; il lui en fit mettre un autre de laine, qu'il prétendait être "*propre aux quatre saisons*".

D. Qu'est-ce que l'aigle de Jupiter ?

R. Périphas, roi d'Athènes, se fit tellement aimer de ses sujets, qu'il fut adoré comme Jupiter. Le souverain des dieux en fut si violemment irrité, qu'il voulut foudroyer Périphas ; mais Apollon intercéda pour lui, et obtint qu'il fût changé en aigle. Jupiter s'en servait pour traverser les airs.

D. Quel arbre était consacré à Jupiter ?

R. C'était le chêne, parce que Jupiter, à l'exemple de Saturne, apprit aux hommes à se nourrir de gland. On prétend que les chênes de la forêt de Dodone, en Épire, rendaient des oracles. Cette forêt était consacrée à Jupiter, qui y avait un temple, sous le nom de *Jupiter-Dodonéen*.

JUNON.

D. De qui Junon était-elle fille ?

R. Junon était fille de Saturne et de Cybèle, et sœur de Jupiter, qui se transforma en un oiseau pour la séduire. Mais la déesse le reconnut, et ne voulut l'écouter qu'à condition qu'il l'épouserait. Junon devint ainsi la reine des dieux. Elle était la déesse des royaumes ; mais elle présidait sur-tout aux mariages et aux accouchements, sons le nom de *Lucine*.

D. Quel était le caractère de Junon ?

R. Junon était d'un caractère impérieux, jaloux et vindicatif. Elle épiait sans cesse les démarches de son époux. Elle persécuta cruellement les femmes qui furent aimées de Jupiter, et même les enfants qu'elles lui donnèrent.

D. Racontez quelques-uns des traits de la vengeance de Junon.

R. Jupiter aimait *Io*, fille d'Inachus, le plus ancien roi d'Argos. Pour dérober à Junon la connaissance de cette passion, il changeait Io en vache. Mais Junon, soupçonnant cette métamorphose, demanda la vache à Jupiter, qui n'osa la lui refuser. Junon la donna à garder à Argus, qui avait cent yeux, dont cinquante étaient toujours ouverts quand les cinquante autres étaient fermés par le sommeil. Mercure endormit cet espion au son de sa flûte, et le tua. Junon le changea en paon, et attacha les yeux d'Argus à la queue de cet oiseau, qu'elle prit sous sa protection. Cependant., elle mit à la poursuite d'Io, un taon, qui la piquait continuellement, et lui fit parcourir tout l'univers. On dit qu'en passant auprès de son père, elle écrivit son nom sur le sable avec son pied. Inachus l'ayant reconnue, allait s'en saisir, lorsque le taon la piqua si vivement, qu'elle se jeta à la mer, passa à la nage toute la Méditerranée, et arriva en Egypte, ou Jupiter lui rendit sa première forme. Ce fut là qu'elle mit au monde Epaphus ; elle y fut depuis adorée sous le nom d'*Isis*, et représentée sous la forme d'une femme ayant une tête de vache.

D. Quelle vengeance Junon exerça-t-elle contre la ville de Troie ?

R. Junon ne put jamais pardonner à Pâris de ne lui avoir point donné la pomme d'or sur le mont Ida, lorsqu'elle disputa de la beauté avec Vénus et Pallas : elle se déclara dès lors l'ennemie irréconciliable des Troyens, et poursuivit sa vengeance, après la ruine de cette ville, jusque sur Énée ;

Errant en cent climats, triste jouet des flots,

Long-temps le sort cruel poursuivit ce héros,

Et servit de Junon la haine infatigable.

Que n'imagina point la déesse implacable ?

Muse, raconte-moi ces grands événements,

Dis pourquoi de Junon les fiers ressentiments,

Poursuivant en touts lieux le malheureux
Enée,

Troublèrent si long-temps la haute destinée

D'un prince magnanime, humain, religieux :

Tant de fiel entre-t-il dans les âmes des
dieux ?...

Une autre injure parle à son âme indignée :

Par un berger troyen sa beauté dédaignée,

L'odieux jugement qui fit rougir son front,

Hébé pour Ganymède essuyant un affront,

Tout l'irrite à la fois, et sa haine bravée

Vit au fond de son cœur profondément gravée...

Cependant les Troyens, après de longs efforts,

Des champs Trinacriens[1] avaient rasé les bords,

Déjà leurs nefs, perdant l'aspect de la Sicile,

Voguaient à pleine voile, et de l'onde docile

Fendaient d'un cours heureux les bouillons écumants,

Quand la fière Junon, de ses ressentiments

Nourrissant dans son cœur la blessure immortelle,

« Quoi ! sur moi les Troyens l'emporteraient, dit-elle !

» Et de ces fugitifs le misérable roi

» Pourrait dans l'Italie aborder malgré moi !...

» O fureur ! Quoi ! Pallas, une simple déesse,

» A bien pu foudroyer les vaisseaux de la Grèce ;

» Soldats, chefs, matelots, tout périt sous ses yeux :

» Pourquoi ? pour quelques torts d'un jeune furieux,

» Elle-même, tonnant du milieu des nuages,

» Bouleversa les mers, déchaîna les orages,

» Dans un noir tourbillon saisit l'infortuné,

» Qui vomissait des feux de son flanc sillonné,

» Et de son corps lancé sur des roches perçantes

» Attacha les lambeaux à leurs pointes sanglantes :

» Et moi, qui marche égale au souverain des cieux,

» Moi, l'épouse, la sœur du plus puissant des dieux,

» Armant contre un seul peuple et le ciel et la terre,

» Vainement je me lasse à lui livrer la guerre !

» Suis-je encore Junon ? et qui d'un vain encens

» Fera fumer encor mes autels impuissants ? »

(Énéide, trad. de M. Delille.)

D. Quelle peine terrible Junon infligea-t-elle aux Prœtides ?

R. Les *Prœtides*, filles de Prœtus, roi d'Argos, étaient fort belles. Elles eurent la hardiesse de comparer leur beauté à celle de Junon. La déesse, indignée de ce téméraire orgueil, rendit les Prœtides si furieuses, qu'elles s'imaginèrent être changées en vaches, et couraient en mugissant dans les forêts voisines :

Triste Pasiphaé !... quelle fureur t'inspire,

Les filles de Prœtus, par un même délire,

Effrayèrent Argos d'un faux mugissement ;

Mais, loin de leur démence un tel emportement !

Elles croyaient pourtant, s'inclinant vers la terre,

Agiter sur leur tête une corne étrangère.

D. Pouvez-vous nous donner encore quelques exemples de l'humeur vindicative de Junon ?

R. Jupiter avait enlevé Europe. Junon, persécuta cette princesse jusque dans les descendants de son frère Cadmus. Elle fit périr Sémélé, mère de Bacchus. Elle suscita une infinité de traverses à Hercule. Enfin, elle crut devoir faire sentir sa vengeance à son époux lui-même. Elle le quitta donc, et se retira à Samos. Jupiter consulta Vénus sur les moyens de la faire revenir. Cette déesse lui conseilla de faire placer sur un char une figure richement parée, et de faire annoncer que c'était Platée, fille d'Asope, qu'il allait épouser. A cette nouvelle, Junon accourut furieuse et se jeta sur la statue, qu'elle brisa. Cette aventure la couvrit de honte, sans la rendre plus sage.

D. Jupiter et Junon eurent-ils des enfants ?

R. Vulcain fut le seul fruit de leur union.

D. La fable ne donne-t-elle pas d'autres enfants à Junon ?

R. La fable lui attribue encore *Hébé* et *Mars*. On raconte ainsi la naissance de ces deux enfants :

Junon, suivant l'avis d'Apollon, mangea, au banquet de Jupiter, un plat de laitues sauvages, et conçut Hébé, dont elle accoucha sur le champ. La naissance de Mars n'est pas moins extraordinaire. Junon, jalouse de ce que Jupiter avait seul enfanté Minerve, voulut, de son côté, opérer un pareil prodige. Elle en parla à Flore, qui lui indiqua une fleur, que la déesse toucha et aussitôt elle devint mère de Mars.

D. Quel était l'emploi d'Hébé ?

R. Hébé était la déesse de la jeunesse. Elle fut chargée par Jupiter de verser le nectar aux dieux ; Mais s'étant laissée tomber un jour dans leur assemblée, elle en eut tant de honte, qu'elle n'osa plus y reparaitre. Jupiter mit à la place d'Hébé, le beau Ganymède, fils de Tros, qu'il fit enlever par un aigle, lorsque ce jeune homme chassait sur le mont Ida.

D. Quels étaient les lieux principalement consacrés au culte de Junon ?

R. Cette déesse était particulièrement honorée à Samos. Mais c'était surtout dans la ville d'Argos, qu'elle jouissait de toute

sa gloire. On y célébrait ses fêtes par le sacrifice d'une héca-
tombe, c'est-à-dire, de cent taureaux.

D. Comment Junon est-elle représentée ?

R. Elle est ordinairement représentée sur un char brillant
traîné par deux paons. Elle a le sceptre en main, et le front
couronné de lis et de roses. On place toujours auprès d'elle
un paon, son oiseau favori. Quelquefois on y ajoute un arc-
en-ciel, parce que Junon aima tendrement Iris, sa confidente
et sa messagère. La reine des dieux, contente des services
d'Iris, qui ne lui apportait jamais que de bonnes nouvelles, la
transporta au ciel. C'est ce que nous appelons l'*arc-en-ciel*.

Cérès et Proserpine.

D. De qui Cérès fut-elle fille ?

R. Elle fut fille de Saturne et de Cybèle. Elle était la déesse des moissons. Elle enseigna aux hommes l'agriculture, en parcourant l'univers, pour chercher sa fille Proserpine que Pluton avait enlevée.

D. Racontez l'histoire de l'enlèvement de Proserpine.

R. Pluton, dieu des enfers, était si noir, et avait un royaume si affreux, que toutes les déesses avaient rejeté ses hommages. Il vit un jour Proserpine qui cueillait des fleurs avec quelques-unes de ses compagnes, dans la plaine d'Enna, en Sicile. Il l'enleva, malgré les vives oppositions de la nymphe Cyanè, qu'il changea en fontaine. Le dieu, ayant ouvert la terre d'un coup de son trident, rentra dans ses états avec sa proie.

D. Que fit Cérès, lorsqu'elle sut le malheur de sa fille ?

R. Elle alluma deux flambeaux sur le mont Etna, pour la chercher de nuit comme de jour. Lorsqu'elle arriva à la cour de Céléus, roi d'Eleusis, elle enseigna particulièrement l'agriculture à Triptolème, fils de ce prince ; elle continua son voyage, et rencontra la nymphe Aréthuse, qui lui apprit que Proserpine était aux enfers. Cérès s'adressa alors à Jupiter, père de Proserpine, et le conjura de lui faire rendre sa fille. Jupiter y consentit, pourvu qu'elle n'eût rien mangé dans les enfers. Mais Ascalaphe rapporta qu'il avait vu Proserpine sucer une grenade. Cérès changea ce dénonciateur en hibou, oiseau de mauvais augure. Jupiter, pour consoler Cérès, ordonna que Proserpine passerait six mois de l'année avec elle, et les six autres mois avec son mari.

D. Pourquoi Cérès changea-t-elle Stellio en lézard ?

R. On raconte qu'un jour, cette déesse, fatiguée de ses courses, et épuisée de besoin, entra dans la cabane d'une vieille femme nommée *Bécubo* ou *Baubo*, qui lui présenta de la bouillie. Cérès en mangea avec tant d'avidité, qu'un enfant nommé ne put s'empêcher d'en rire. La déesse offensée, lui jeta le reste de sa bouillie, et le changea en lézard.

D. Quelles étaient les fêtes établies en l'honneur de Cérès ?

R. Elles se nommaient *Eleusines* du nom d'Eleusis, où elles commencèrent. On y gardait un profond silence, et c'était un crime que de révéler ce qui s'y était passé. On trouve dans les anciens auteurs, deux autres fêtes instituées en l'honneur de Cérès : premièrement, les *Thesmophories*, du mot *thesmophore* où *législatrice*, parce qu'elle avait donné des lois ; aux Athéniens, secondement, les *Ambarvalies*, mot qui signifie *faire le tour*, parce que, dans ces fêtes, on faisait le tour des champs, pour obtenir la fertilité des terres et l'abondance des fruits. Le vin était banni des autels de Cérès. On lui immolait un porc, parce que cet animal, en fouillant la terre, détruit les semences.

D. Quelle vengeance Cérès tira-t-elle de l'impiété d'Erésichton ?

R. Erésichton, l'un des principaux habitants de la Thessalie, avait eu l'audace de couper plusieurs arbres dans une forêt consacrée à Cérès. Cette déesse, pour l'en punir, lui envoya une faim si horrible, qu'il consuma tout son bien, sans pouvoir la satisfaire. *Métra*, sa fille, que Neptune avait aimée, obtint de ce Dieu de prendre toute sorte de formes, comme Protée. Son père la vendait pour avoir de l'argent ; ensuite, elle reprenait une autre forme, et il la vendait de nouveau. Cette ruse ne put cependant suffire à la voracité d'Erésichton qui mourut misérablement en dévorant ses propres membres.

> Les Dryades pleurant la perte de leur sœur,
>
> Et leurs bois dépouillés de leur antique hon-
> neur,
>
> Vont conjurer Cérès de venger leur injure.
>
> Elle les vengera, la déesse le jure :
>
> L'or des moissons s'ébranle au signe de son
> front.
>
> Elle apprête à l'impie, auteur de son affront,
>
> Un châtiment affreux, mais moindre que son
> crime.

Elle veut à la Faim le livrer en victime ;

Mais comme, par la loi des éternels décrets,

On ne peut voir ensemble et la Faim et Cérès,

Elle appelle une nymphe, Oréade légère,

Et l'instruit en ces mots à servir sa colère :

Au fond de la Scythie, où jamais les moissons

N'ont germé sur un sol durci par les glaçons,

Solitude sans fruits, sans ombre, sans verdure,

Est un vallon désert, ou la pâle Froidure,

La Fièvre, le Frisson, le Besoin importun

Habite avec la Faim, aux entrailles à jeun.

Va la trouver ; dis-lui qu'implacable harpie,

Elle aille se cacher dans le sein de l'impie ;

Que par elle vaincus, mes présents, mes
secours,

Alimentent son mal et l'irritent toujours ;

Qu'elle surmonte enfin ma puissance prodi-
gue.

Si le voyage est long, n'en crains pas la fatigue :

Prends mon char, mes dragons, et vole sur
les vents.

La nymphe prend le char et les dragons vo-
lants,

S'élève dans les airs, vers les climats de
l'Ourse,

Et sur l'affreux Caucase elle arrête sa course.

Elle cherche la Faim : là, sous des rocs pendants,

Elle la voit qui rampe, et ronge de ses dents

Quelques brins d'herbe épars sur la roche indigente.

Vous compteriez ses os sous sa peau transparente.

Ses cheveux hérissés cachent son œil éteint,

La rouille est sur ses dents, la pâleur sur son teint ;

De nerfs et d'ossements assemblage difforme,

De ses genoux pointus la jointure est énorme ;

Et ses talons hideux s'allongent au-dehors,

Grossis par la maigreur qui dessèche son corps.

La nymphe, en lui parlant, n'ose s'approcher d'elle,

Et lui dicte de loin l'ordre de l'immortelle.

Elle s'arrête à peine, et déjà dans son sein,

Elle a cru ressentir l'aiguillon de la Faim,

Et loin d'elle aussitôt dans les airs détournée,

Revole aux bords heureux qu'arrose le Pénée.

La Faim, dans touts les temps, si contraire à Cérès,

Trouve un plaisir cruel à remplir ses décrets.

Un tourbillon de vent la porte en Thessalie :

Elle arrive dans l'ombre au palais de l'impie.

Le sommeil sur ses yeux épanchait ses pavots.

Tandis qu'il est plongé dans un profond repos,

Elle s'étend sur lui, se glisse dans sa couche,

Lui souffle en l'embrassant les poisons de sa bouche,

Le serre dans ses bras, se presse sur son sein,

Allume dans ses sens les ardeurs de la faim,

Et quittant un climat pour elle trop fertile,

Regagne ses déserts et son antre stérile.

Dans les bras du sommeil, par un songe bercé,

L'impie est endormi ; mais, par la faim pressé,

Il veut la satisfaire, ouvre une bouche avide,

La ferme, l'ouvre encore, et se repaît de vide.

Son gosier affamé se travaille sans fin,

Et ses dents sur ses dents se fatiguent en vain.

Quand il est éveillé, son mal n'est plus un songe :

Sa faim est une rage, un vautour qui le ronge.

Sa table au même instant est servie à grands frais :

On dépeuple les airs, les lacs et les forêts,

Son estomac à jeun au moment qu'il dévore,

Demande d'autres mets, et d'autres mets encore.

C'est un gouffre que rien ne peut rassasier ;

Lui seul absorbe plus qu'un peuple tout entier.

Pareil à l'Océan, ce réservoir du monde,

Qui plus il boit de flots, plus il a soif de l'onde ;

Pareil au feu qui croit plus il a d'aliment,

Et consumant toujours, s'allume en consumant :

Rien ne peut assouvir sa faim insatiable ;

Plus il veut l'apaiser, plus elle est implacable.

(Ovide, trad. de Saintange.)

D. Comment Cérès est-elle représentée ?

R. On la peint couronnée de fleurs et d'épis, tenant un flambeau d'une main, et de l'autre une gerbe de blé ou une branche de pavot. Quelquefois elle est montée sur un char traîné par des serpents. On lui donne de grosses mamelles, pour indiquer qu'elle est la nourrice du genre humain.

O Cérès ! presse ton retour :

Sur nos plaines le dieu du jour

Répand les chaleurs et la vie.

Proserpine a quitté la cour

Du sombre époux qui l'a ravie :

Le même char qui l'entraîna

A travers la flamme et la cendre,

A tes yeux charmés va descendre

Du sommet brillant de l'Etna.

Elle parait, ton cœur palpite,

Tes pas volent devant ses pas :

Quand tu l'appelles dans tes bras,

L'amour vers toi la précipite.

Un mutuel enchantement

Vous enivre des mêmes charmes :

Trop court, mais trop heureux moment,

Où le plaisir verse des larmes !

Pour un cœur noble et généreux,

Qu'il est doux, en quittant Cerbère,

De retrouver le monde heureux

Par les seuls bienfaits de sa mère !

Belle Proserpine, à tes yeux

Déjà la moisson est tombée,

Sous la faucille recourbée

Du moissonneur laborieux :

Ici, les gerbes dispersées

Couvrent la face des guérets :

Plus loin, leurs meules entassées

Elèvent un trône à Cérès.

Sur l'arbre fécond de Pyrame,

Le ver à soie ourdit sa trame,

Qui pare les dieux et les rois :

Les fraises parfument les bois,

L'épine enfante la groseille,
Mille fruits naissent à la fois ;
Et prête à remplir sa corbeille,
La nymphe hésite sur le choix.
Par-tout l'abondance circule,
L'homme n'est heureux que l'été :
L'infatigable pauvreté
Bénit l'ardente canicule
Qui fait frémir la volupté.
Dans un salon pavé de marbre,
Respire-t'on un air plus frais,
Qu'à l'ombre incertaine d'un arbre
Cher aux déesses des forêts ?
La dryade, en robe légère,
Brave, sous un chapeau de fleurs,
L'aiguillon ardent des chaleurs,
Et Pallas, coiffée en bergère,
Pour égayer les moissonneurs
Danse à midi sur la fougère.
(Bernis.)

Neptune.

D. De qui Neptune était-il fils ?

R. *Neptune* était fils de Saturne et de Cybèle. Son père avait l'habitude de dévorer ses enfants mâles. Mais Cybèle, qui avait déjà réussi à le tromper en lui présentant une pierre à la place de Jupiter, eut encore recours à la même ruse, et fit élever secrètement Neptune par des bergers. L'empire de la mer lui échut dans le partage de l'univers.

D. Neptune n'encourut-il point la disgrâce de Jupiter ?

R. Neptune conspira contre son frère ; et le maître des dieux, ayant découvert cette conspiration, l'exila du ciel avec Apollon et les autres conjurés. Laomédon élevait alors les murs de Troie. Neptune et Apollon l'aidèrent dans cette entreprise. Mais lorsque les murs furent achevés, Laomédon refusa aux dieux la récompense qu'il leur avait promise. Pour s'en venger, Neptune inonda la ville et suscita un monstre marin qui désolait tout le rivage. Apollon y envoya la peste. L'oracle consulté répondit que, pour apaiser les dieux offensés, il fallait exposer touts les ans une jeune fille à la fureur du monstre. Bientôt le sort désigna pour victime Hésione, fille de Laomédon. Mais Hercule la délivra. Laomédon, qui s'était engagé à la donner à son libérateur, trahit encore sa promesse. Hercule indigné le tua. Cependant Neptune fit sa paix avec Jupiter, s'occupa du soin de gouverner ses états, et épousa Amphitrite.

D. Faites-nous connaitre plus particulièrement Amphitrite.

R. Elle était fille de l'Océan et de la nymphe Doris. Comme elle avait formé le projet de ne point se marier, elle rejeta d'abord la demande de Neptune. Mais le dieu des eaux lui envoya un dauphin qui la trouva au pied du mont Atlas, et vainquit sa résistance. C'est ainsi qu'Amphitrite devint déesse de la mer. Neptune, pour récompenser le dauphin, le plaça parmi les astres. Amphitrite, et Neptune eurent ensemble Triton, qui servait de trompette à son père, usant pour cet effet d'une coquille ou d'une conque en forme de trompette. Il avait la partie supérieure du corps semblable à l'homme, et le reste semblable à un poisson. La plupart des dieux marins sont aussi appelés Tritons, et sont représentés de la même manière avec des coquillages.

D. Quels sont les principaux d'entre les autres dieux marins ?

R. Nous nommerons d'abord l'*Océan*, beau-père de Neptune, qui parait avoir eu plusieurs femmes, savoir *Doris*, mère d'Amphitrite, et *Téthys*, qui donna le jour à un grand nombre de nymphes appelées *Océanitides* ou *Océanides*, du nom de leur père. Il ne faut pas confondre cette *Téthys* avec *Thétis*, mère d'Achille. Quelquefois Téthys est prise pour la déesse de la mer, et pour la mer elle-même : ainsi, Virgile, dans ses *Géorgiques*, "dit à Auguste que Téthys achèterait au prix de toutes ses eaux l'honneur de l'avoir pour gendre" ; et madame Deshoulières dit, en parlant du soleil, que, "*sans doute las d'éclairer le monde, il va chez Téthys rallumer dans l'onde ses feux amortis*". Téthys est ordinairement représentée sur un char en forme de coquille, traîné par des dauphins.

D. L'Océan et Téthys eurent-ils d'autres enfants que les Océanitides ?

R. Ils eurent encore Nérée et Doris, qui se marièrent ensemble et donnèrent naissance à cinquante filles appelées *Néréides*, ou nymphes de la mer. Elles ont le corps terminé en poisson, depuis la ceinture.

D. Les anciens ne donnèrent-ils le nom de nymphes qu'aux déesses de la mer ?

R. Ils appelèrent *nymphes* plusieurs autres déesses, auxquelles ils donnèrent des noms particuliers, suivant les différents emplois qu'ils leur attribuaient.

Les nymphes des fleuves et des fontaines furent nommées *Naïades*.

On les représente appuyées sur une urne d'où sort de l'eau.

Les nymphes des bois et des forêts furent appelées *Dryades*, et l'on donna le nom d'*Hamadryades* aux nymphes que l'on croyait naître et mourir avec les chênes.

Les nymphes des vallons et des prairies furent nommées *Napées*, et celles des montagnes furent appelées *Oréades*.

D. Quelle fut la plus célèbre des Néréides ?

R. Ce fut *Thétis*, qui avait une si grande beauté, que Jupiter voulut l'épouser. Mais Prométhée prédit que cette nymphe mettrait au monde un fils qui serait plus illustre et plus grand que son père. Alors Jupiter renonça à ses prétentions. Thétis fut mariée avec Pélée, qui devint père d'Achille.

D. Faites-nous connaître les autres enfants de l'Océan et de Téthys.

R. Ils eurent encore les *Fleuves* dont on porte le nombre à trois mille. Les Fleuves sont représentés nus, couronnés de roseaux, le sein couvert d'une barbe vénérable, et appuyés sur une urne qui verse leur onde blanchissante. Enfin, l'Océan et Téthys eurent un fils appelé Protée. Ce dieu marin avait la garde du troupeau de Neptune. Il rendait aussi des oracles. Mais il fallait le lier pour l'y contraindre. Il se changeait en eau, en feu, en bête féroce, et prenait toute sorte de formes, pour se retirer des mains qui le retenaient ; de là vient qu'on dit d'un homme qui joue toute sorte de personnages : *c'est un Protée.*

> Tel que le vieux pasteur des troupeaux de Neptune,
>
> Protée, à qui le Ciel, père de la Fortune,
>
> Ne cache aucun secret,
>
> Sous diverse figure, arbre, flamme et fontaine,
>
> S'efforce d'échapper à la vue incertaine
>
> Des mortels indiscrets.
>
> (Rousseau.)

D. Les poètes ne nomment-ils pas encore quelques autres divinités maritimes ?

R. Ils en nomment plusieurs, telles que Éole, les Sirènes, les Harpies, Ino et Mélicerte, Glaucus, Scylla et Charybde.

D. Qu'était Éole ?

R. Éole, roi des vents, est mis au rang des dieux de la mer, parce qu'il avait le pouvoir de soulever les flots, et de causer les tempêtes. Il était fils de Jupiter. Il habitait L'*Éolie*, île située entre l'Italie et la Sicile : (aujourd'hui Lipari.)

En prononçant ces mots, la déesse[2] en furie

Vers ces antres, d'Eole orageuse patrie,

Précipite son char. Là, sous de vastes monts,

Le dieu tient enchaînés dans leurs gouffres profonds

Les vents tumultueux, les tempêtes bruyantes ;

S'agitant de fureur dans leurs prisons tremblantes,

Ils luttent en grondant, ils s'indignent du frein.

Au haut de son rocher, assis le sceptre en main,

Eole leur commande ; il maîtrise, il tempère

Du peuple impétueux l'indocile colère :

S'ils n'étaient retenus, soudain cieux, terre, mers,

Devant eux rouleraient emportés dans les airs.

Aussi, pour réprimer leur fougue vagabonde,

Jupiter leur creusa cette prison profonde,

Entassa des rochers sur cet affreux séjour,

Et leur donna pour maître un roi qui, tour à tour

Irritant par son ordre, ou calmant leurs haleines,

Sût, tantôt resserrer, tantôt lâcher les rênes.

Devant lui la déesse, abaissant sa hauteur :

« Roi des vents, lui dit-elle avec un air flatteur,

» Vous à qui mon époux, le souverain du monde,

» Permit et d'apaiser et de soulever l'onde,

» Un peuple que je hais, et qui, malgré Junon,

» Ose aux champs des Latins transporter Ilion,

» Avec ses dieux vaincus, fend les mers d'Etrurie :

» Commandez à vos vents de servir ma furie ;

» Dispersez sur les mers ou noyez leurs vaisseaux,

» Et de leurs corps épars couvrez au loin les eaux. »

(Énéide de Virgile, liv. ier, trad. de M. Delille.)

D. Quels étaient les principaux vents ?

R. Les Romains reconnaissaient quatre vents principaux : Eurus, ou le vent d'orient, Borée, ou le vent du septentrion ou de bise ; Auster ou Notus, le vent du sud ou du midi, et Zéphire, le vent d'Ouest ou du couchant. Les Latins donnent pour femme à Zéphire la déesse Flore. On le peint sous la figure d'un jeune homme qui a l'air doux et serein, avec des ailes de papillon, et une couronne composée de toute sorte de fleurs, pour désigner son influence bienfaisante sur la nature.

D. Dites-nous quelque chose des Sirènes.

R. Les *Sirènes*, filles du fleuve Achéloüs et de la muse Calliope, étaient des monstres moitié femmes et moitié oiseaux. Elles habitaient des rochers escarpés sur les bords de la mer, entre l'île de Caprée et la côte d'Italie. Elles chantaient avec tant de mélodie qu'elles attiraient les passants, et ensuite les dévoraient. L'oracle leur avait prédit que, dès qu'un seul homme passerait sans être arrêté par le charme de leurs voix, elles périraient. Ulysse, averti par Circé, boucha les oreilles de touts ses compagnons avec de la cire, et se fit attacher lui-même au mât du navire par les pieds et par les mains. Cette précaution le sauva ; et les Sirènes, de dépit, se précipitèrent dans la mer, à un endroit depuis appelé de leur nom *Sirénusse*, où elles furent changées en rochers. On compte ordinairement trois Sirènes, savoir : *Parthénope*, qui chante ; *Ligée*, qui joue de la flûte ; et *Leucosie*, qui joue du luth.

D. Qu'appelez-vous Harpies ?

R. Les *Harpies* étaient des monstres qui avaient une tête de femme, des oreilles d'ours, le corps d'un vautour, des ailes de chauve-souris, et des griffes aux pieds et aux mains. Elles infectaient tout ce qu'elles touchaient : les plus connues s'appelaient *Aëllo, Ocypète* et *Célæno*.

D. Racontez l'histoire d'Ino et de Mélicerte.

R. *Ino*, fille de Cadmus et d'Harmonie, épousa en secondes noces Athamas, roi de Thèbes, dont elle eut deux fils, Léarque et Mélicerte. Athamas, devenu furieux, écrasa contre un mur le petit Léarque. Ino, craignant pour elle-même et pour Mélicerte un pareil traitement, prit son fils dans ses bras, et se jeta avec lui, du haut d'un rocher, dans la mer. Les dieux, touchés de compassion, les changèrent en divinités maritimes. Les Grecs honoraient Ino sous le nom de *Leucothoé*, et les Romains sous le nom de *Matuta*. Mélicerte était invoqué en Grèce sons le nom de *Palémon*, et à Rome sous le nom de *Portunus*.

D. Comment Glaucus devint-il un des dieux de la mer ?

R. Glaucus était un pêcheur de la ville d'Anthédon, en Béotie. Il s'aperçut un jour que les poissons qu'il posait sur une certaine herbe du rivage, reprenaient de la force, et se jetaient dans la mer. Persuadé que cette herbe avait une vertu particulière, il en mangea, et sauta aussitôt lui-même dans les eaux, où il fut reçu au nombre des dieux marins.

Je suis un dieu des mers, et, nouveau Palémon,

Je suis au même rang que Protée et Triton.

Je fus homme autrefois : toujours ami de l'onde,

Assis sur un rocher, dans une paix profonde,

J'aimais à tendre un piège aux crédules poissons

Surpris dans mes filets ou par mes hameçons.

Non loin du bord lavé par la vague ondoyante,

Est un pré que tapisse une herbe verdoyante.

La brebis, ni la chèvre à la longue toison,

N'ont jamais de leurs dents effleuré ce gazon.

L'abeille, des jardins hôtesse voltigeante,

N'y butina jamais sa richesse odorante ;

Et jamais la bergère amoureuse des fleurs,

N'y vint de sa corbeille assortir les couleurs.

C'est là que, le premier, je vins sur l'herbe fraîche

Déposer les filets, instruments de ma pêche,

Y compter les poissons par l'amorce trom-
pés,

Ou dans mes rets noueux sous l'onde enve-
loppés,

Écoutez la merveille ; elle est invraisembla-
ble :

Mais que me servirait d'inventer une fable ?

De mes captifs épars quand le peuple écaillé

Eut touché de ces prés le tapis émaillé,

Je les vois loin de moi prendre un élan rapide,

Nager sur les gazons comme en un champ
liquide,

Et dans l'onde courir, sauter et se mouvoir.

A peine je conçois ce que je viens de voir.

Je veux de ce prodige éclaircir le mystère :

Est-ce une herbe, disais-je, est-ce un Dieu
qui l'opère ?

Mais quelle herbe eut jamais de semblables
vertus ?

Pour convaincre mes sens de doute combat-
tus,

Du gazon merveilleux que moi-même je
cueille,

Mes dents pressent le suc exprimé de sa
feuille.

Un désir tout nouveau palpite dans mon sein

De changer de nature ainsi que de destin.

Je m'écrie, emporté par l'instinct qui m'agite :

O terre où je suis né ! pour jamais je te quit-
te ;

> Et je cours dans les flots me plonger sans
> retour.
>
> Téthys parmi ses dieux me reçoit dans sa
> cour,
>
> Et le vieux Océan efface, à sa prière,
>
> Ce que j'eus de mortel sous ma forme pre-
> mière.

(Ovide, trad. de Saintange.)

D. Que nous direz-vous de Scylla et de Charybde ?

R. Scylla, fille de Phorcys, était une belle nymphe qui fut ai-mée de Glaucus. Mais Circé, par jalousie, empoisonna la fontaine où Scylla avait coutume de se baigner. A peine la nymphe y fut-elle entrée, qu'elle se vit changée en un monstre effroyable, dont la partie inférieure ressemblait à un chien. Elle eut tant d'horreur d'elle-même qu'elle se précipita dans la mer, et fut changée en un gouffre qui porte son nom.

Charybde, était une femme qui, ayant volé des bœufs à Hercule, fut foudroyée par Jupiter et métamorphosée en un gouffre qui se trouve placé en face de celui de Scylla.

Charybde et Scylla étaient deux gouffres très-voisins, au milieu desquels il fallait passer pour aborder en Sicile. Le passage était si dangereux, qu'il a donné lieu au proverbe : *Tomber dans Charybde pour éviter Scylla.*

D. Comment Neptune était-il représenté ?

R. On représentait Neptune sur un char qui avait la forme d'une vaste coquille et était traîné par quatre chevaux marins ou par quatre dauphins. Les roues effleuraient rapidement la surface de l'onde couverte de Tritons et de Néréides. Le front ceint du diadème, le souverain des mers, d'une main calmait les flots agités, de l'autre tenait le trident, emblème de sa triple puissance qui s'étend sur la mer, les fleuves et fontaines.

Les habitants de Trézène avaient empreint sur leur monnaie ;
d'un côté le trident de Neptune, de l'autre la tête de Minerve ; ce
qui semble indiquer le commerce dirigé par la sagesse.

D. Quand célébrait-on les fêtes de Neptune ?

R. Les Romains célébraient sa fête le premier jour du mois de
juillet, et lui consacraient le mois de février, pendant lequel ils
tâchaient de se rendre le dieu favorable pour l'époque prochaine
de la nouvelle navigation. Les libations, qui, pour les autres
dieux, étaient composées de vin, de lait et de miel, se faisaient,
en l'honneur de Neptune, avec l'eau de la mer, des fleuves et
des fontaines. On immolait ordinairement un taureau blanc sur
son autel ; mais, quelle que fût la victime amenée dans son temple, les prêtres lui en présentaient toujours le fiel, par analogie
avec l'amertume de la mer. Ces cérémonies attiraient un con-
cours prodigieux à Rome, et sur-tout aussi à l'isthme de Corinthe, où il avait un temple célèbre dans lequel on lui avait érigé
une statue d'airain, haute de sept coudées. Son culte était si
universel, qu'en parcourant les rivages de la Grèce, de la Sicile
et de l'Italie, on trouvait dans les moindres hameaux un temple
ou au moins un autel dédié au dieu de la mer.

PLUTON.

D. Qu'était Pluton ?

R. Pluton, troisième fils de Saturne et de Cybèle, régnait dans les enfers. Par le nom d'*enfers*, les poètes et les mythologues entendent les lieux souterrains où allaient les âmes des morts, pour être punies ou récompensées. Les enfers contenaient le *Tartare* et les *Champs élysées*. Le Tartare était un lieu de supplices, destiné aux méchants. Les Champs élysées étaient un lieu de délices, ou les ombres de ceux, qui avaient bien vécu, jouissaient d'un bonheur parfait.

D. Pluton n'avait-il pas été dévoré par Saturne ?

R. Il avait été en effet dévoré par Saturne ; mais Jupiter fit prendre à son père un breuvage qui le força de rejeter Pluton de son sein. C'est ainsi que ce dieu revit le jour. Il eut pour son partage la région des enfers. Il épousa Proserpine qu'il avait enlevée. On le représente ordinairement sur un char d'ébène, traîné par des chevaux noirs. Il est couronné d'ébène, de narcisses ou de cyprès. Sa main droite est armée d'une longue fourche ; l'autre tient la clef qui ferme la porte de l'éternité.

D. Décrivez-nous la cour de Pluton.

*R.*Fénelon, dans le dix-huitième livre de *Télémaque*, décrit ainsi cette cour :

« Au pied du trône était la Mort, pâle et dévorante, avec sa faux tranchante, qu'elle aiguisait sans cesse. Autour d'elle volaient les noirs soucis ; les cruelles défiances ; les vengeances toutes dégouttantes de sang et couvertes de plaies ; les haines injustes ; l'avarice qui se ronge elle-même ; le désespoir qui se déchire de ses propres, mains ; l'ambition forcenée qui renverse tout ; la trahison qui veut se repaître de sang, et qui ne peut jouir des maux qu'elle a faits ; l'envie qui verse son venin mortel autour d'elle et qui se tourne en rage, dans l'impuissance où elle est de nuire ; l'impiété qui se creuse elle-même un abyme sans fond, où elle se précipite sans espérance ; les spectres hideux, les fantômes qui représentent les morts pour épouvanter les vivants ; les songes affreux ; les insomnies aussi cruelles que les tristes songes. Toutes ces images funestes environnaient le fier Pluton, et remplissaient le palais où il habite. »

Nous lisons cette même description dans le sixième livre de
l'*Énéide de* Virgile.

> Devant le vestibule, aux portes des enfers,
>
> Habitent les Soucis et les Regrets amers,
>
> Et des Remords rongeurs l'escorte venge-
> resse ;
>
> La pâle Maladie, et la triste Vieillesse ;
>
> L'Indigence en lambeaux, l'inflexible Trépas,
>
> Et le Sommeil son frère, et le dieu des com-
> bats ;
>
> Le Travail qui gémit, la Terreur qui frissonne,
>
> Et la Faim qui frémit des conseils qu'elle
> donne,
>
> Et l'Ivresse du crime, et les Filles d'enfer,
>
> Reposant leur fureur sur des couches de
> fer ;
>
> Et la Discorde enfin, qui, soufflant la tem-
> pête,
>
> Tresse en festons sanglants les serpents de
> sa tête.
>
> (Trad. de M. Delille.)

Voltaire a imité ces deux descriptions dans le chant septième
de sa *Henriade*. Il feint que Saint-Louis transporte Henri IV aux
enfers.

> Henri, dans ce moment, d'un vol précipité,
>
> Est, par un tourbillon, dans l'espace emporté

Vers un séjour informe, aride, affreux, sauvage,

De l'antique Chaos abominable image,

Impénétrable aux traits de ces Soleils brillants,

Chefs-d'œuvre du Très-Haut, comme lui bienfaisants.

Sur cette terre horrible, et des Anges haïe,

Dieu n'a point répandu le germe de la vie.

La Mort, l'affreuse Mort, et la Confusion,

Y semblent établir leur domination.

Quelles clameurs, ô Dieu ! quels cris épouvantables !

Quels torrents de fumée ! et quels feux effroyables !

Quels monstres, dit Bourbon, volent dans ces climats ?

Quels gouffres enflammés s'entr'ouvrent sous mes pas ?

O mon fils ! vous voyez les portes de l'abyme

Creusé par la justice, habité par le crime.

Suivez-moi ; les chemins en sont toujours ouverts.

Ils marchent aussitôt aux portes des Enfers.

Là gît la sombre Envie à l'œil timide et louche,

Versant sur des lauriers les poisons de sa bouche ;

Le jour blesse ses yeux dans l'ombre étincelants :

Triste amante des morts, elle hait les vivants

Elle aperçoit Henri, se détourne et soupire.

Auprès d'elle est l'Orgueil, qui se plaît et s'admire ;

La Faiblesse au teint pâle, aux regards abattus,

Tyran qui cède au crime, et détruit les vertus ;

L'Ambition sanglante, inquiète, égarée,

De trônes, de tombeaux, d'esclaves, entourée ;

La tendre Hypocrisie aux yeux pleins de douceur,

(Le ciel est dans ses yeux, l'enfer est dans son cœur) ;

Le Faux-Zèle étalant ses barbares maximes ;

Et l'Intérêt enfin, père de touts les crimes.

D. Donnez-nous une idée du gouvernement des enfers.

R. On y comptait trois juges, Minos, Eaque, et Rhadamante.

Mercure conduisait les âmes devant leur tribunal.

Mais l'enfer ne voit point de jugement injuste :

Minos y tient ouvert son tribunal auguste ;

Il tient l'urne terrible en ses fatales mains,

Et jugé sans retour touts les pâles humains.

(Virgile, trad. de M. Delille.)

D. Comment Minos mérita-t-il de devenir le président du tribunal des enfers ?

R. Minos, fils de Jupiter et d'Europe, était roi de Crète. Il donna à ses sujets des lois qui subsistèrent jusqu'au temps de Platon. C'est la sagesse de ses lois, et sur-tout son équité, qui lui ont fait donner, après sa mort, la fonction de juge souverain des enfers. Il ne faut pas le confondre avec *Minos*, son petit-fils et père d'Androgée.

D. Faites-nous connaitre les deux autres juges des enfers, Eaque et Rhadamante.

R. Eaque était fils de Jupiter et d'Égine. Il donna le nom de sa mère à l'île dans laquelle il régna, et qui s'appelle aujourd'hui *Engia*[3]. La peste avait dépeuplé ses états. Il obtint de son père que les fourmis fussent changées en hommes, et appela ses nouveaux sujets *Myrmidons*. D'autres prétendent que les habitants de l'île *Égine* étaient si laborieux, qu'ils furent nommés *Myrmidons* par allusion aux fourmis. Quoi qu'il en soit, Eaque fut un roi si bon et si juste, qu'il obtint une place parmi les juges des enfers.

Rhadamante, fils de Jupiter et d'Europe, était frère de Minos. Il régna dans la Lycie[4]. Son amour pour la justice le fit mettre au nombre des juges de l'enfer. On avait une si haute opinion de son équité, que lorsque les anciens voulaient exprimer un jugement juste, mais sévère, on l'appelait un jugement de Rhadamante.

D. A qui les juges des enfers confiaient-ils l'exécution de leurs sentences ?

R. Aux *Furies* ou *Euménides*, filles de la Nuit et de l'Achéron. On en compte trois, *Alecto, Tisiphone* et *Mégère*. On leur donne des couleuvres pour cheveux. Elles tiennent une torche d'une main, et de l'autre un fouet armé de serpents. Elles ont pour compagnes la Terreur, la Rage, la Pâleur et la Mort. Leur ministère ne se-borne point à châtier les ombres criminelles : souvent elles volent au séjour des vivants, planent sur la tête de l'homme coupable, et, portant dans son sein leurs flambeaux dévorants, elles commencent pour lui, sur la terre, les supplices éternels du Tartare. Le parricide Oreste offrit à la Grèce un exemple effrayant de la sévérité des Furies. Des déesses si redoutables ne pouvaient manquer d'avoir un culte très-étendu. Le respect pour elles était si grand, qu'on n'osait presque les nommer, ni jeter les yeux sur leurs temples. Ces temples, très-nombreux dans la Grèce, servaient d'asile inviolable aux criminels. On immolait aux Furies des brebis pleines, des béliers et des tourterelles.

D. L'enfer ne compte-t-il pas trois autres sœurs parmi ses déesses ?

R. Oui : ce sont les trois *Parques*, appelées, quelquefois *Sœurs filandières*. Elles étaient filles de l'Erèbe et de la Nuit. Elles se nommaient *Clotho, Lachésis* et *Atropos*. Elles filaient la vie des hommes. Clotho tenait la quenouille, Lachésis tournait le fuseau, et Atropos coupait le fil avec des ciseaux. Les poètes ont feint qu'elles employaient de la laine blanche mêlée d'or et ou de soie, pour exprimer les jours heureux, et de la laine noire, pour exprimer les jours malheureux.

> Les Parques, d'une même soie,
>
> Ne dérident pas touts nos jours.
>
> (Malherbe.)

D. Quelles sont les autres divinités qu'on peut encore mettre au nombre des divinités infernales ?

R. Ce sont la Nuit, le Sommeil, la Mort et les dieux Manes.

D. Qu'est-ce que la Nuit ?

R. La *Nuit* est la déesse des ténèbres : elle est fille du Ciel et de la Terre. On la représente avec, un vêtement noir parsemé d'étoiles, un sceptre de plomb à la main, parcourant silencieusement le ciel, sur un char d'ébène, après le coucher du soleil.

> La Nuit s'avance lentement,
>
> Et l'obscurité de ses voiles
>
> Brunit l'azur du firmament ;

Les Songes traînent en silence

Son char parsemé de saphirs ;

L'Amour, dans les airs, se balance

Sur l'aile humide des zéphyrs.

(Bernard.)

D. Qu'est-ce que le Sommeil ?

R. Le *Sommeil* est fils de l'Érèbe et de la Nuit, et père des Songes. Il a son palais dans un antre impénétrable aux rayons du soleil. Jamais les chiens, les coqs, ni les oies n'en troublent la tranquillité. Le *Fleuve d'oubli* roule doucement ses eaux autour de ce palais. A l'entrée, croissent des pavots et d'autres herbes assoupissantes. Le dieu repose sur un lit d'ébène fermé de rideaux noirs. Amour de lui dorment, nonchalamment étendus, les *Songes* ses enfants. Son principal ministre veille pour empêcher qu'on ne fasse du bruit.

Près des Cimmériens[5], aux limites du monde,

Sous les flancs caverneux d'une roche profonde,

Repose le Sommeil au fond d'un antre frais,

De ce dieu nonchalant solitaire palais.

D'une antique forêt l'obscurité paisible

En ombrage l'entrée, au jour inaccessible.

Une sombre clarté, crépuscule douteux,

N'éclaire qu'à demi ce séjour nébuleux.

Là, jamais des oiseaux la troupe matinale

N'éveille par ses chants l'amante de Céphale.

L'Aquilon, de ces lieux respectant le repos,

N'ose du moindre souffle agiter les rameaux.

Un calme universel règne au loin dans la plaine.

Mais au pied du rocher murmure une fontaine

Qui, roulant mollement sur un lit sablonneux,

Endort, au bruit naissant de ses flots paresseux.

De pavots odorants une moisson féconde

S'élève autour de l'antre, et se penche sur l'onde.

La nuit vient les cueillir, et répand dans les airs

Leur baume assoupissant, charme de l'univers.

Au seuil de ce palais aucun garde ne veille :

Là, nuls verrous bruyants ne font frémir l'oreille.

Mais au fond de la grotte, en un lien retiré,

A l'ombre d'un vieux dais, de rideaux, entouré,

S'élève un lit d'ébène, où, sur la plume oiseuse,

Endormi dans les bras d'une mollesse heureuse,

Ce dieu silencieux, couronné de pavots,

Savoure les douceurs d'un éternel repos.

Enfant tout à la fois et père des mensonges,

En foule autour de lui voltigent mille songes,

Peuple nombreux, égal aux feuilles des forêts,

Aux sables du rivage, aux épis des guérets.

(Ovide, trad. de Saintange.)

D. Qu'est-ce que la Mort ?

R. La *Mort* est fille de l'Érèbe et de la Nuit. Une faux sanglante arme sa main décharnée ; une robe noire, parsemée d'étoiles, couvre les os luisants de son squelette livide. On lui consacrait l'if, le cyprès, et le coq, parce que le chant de cet oiseau semble troubler le silence qui doit régner dans les tombeaux. La Mort est une divinité inexorable, sourde aux vœux et aux prières des humains, n'ayant aucun égard aux rangs et aux talents, Malherbe a dit, d'après Horace :

La Mort a des rigueurs à nulle autre pareilles :

On a beau la prier,

La cruelle qu'elle est, se bouche les oreilles

Et nous laisse crier.

Le pauvre, en sa cabane où le chaume le couvre,

Est sujet à ses lois ;

Et la garde qui veille aux barrières du Louvre,

N'en défend pas nos rois.

Thomas, dans son *épître au peuple*, s'exprime ainsi :

Sur l'univers entier la Mort étend ses droits ;

Tout périt, les héros, les ministres, les rois.

Rien ne surnagera sur l'abyme des âges ;

Ce globe est une mer couverte de naufrages.

> Qu'importe, lorsqu'on dort dans la nuit du tombeau,
>
> D'avoir porté le sceptre ou traîné le râteau ?
>
> L'on n'y distingue point l'orgueil du diadème ;
>
> De l'esclave et du roi, la poussière est la même,

D. Qu'appelle-t-on Manes ?

R. Les anciens donnaient le nom de *Manes* à l'ombre, à l'âme d'un mort, Ainsi, l'on dit que Polixène fut sacrifiée aux manes d'Achille. Ils appelaient pareillement *Manes* des divinités qui présidaient aux tombeaux ; Aussi trouve-t-on souvent sur les tombes des anciens, ces deux lettres initiales D. M., qui indiquent ces deux mots *Diis Manibus*, aux *Dieux Manes*, comme pour recommander à leurs soins la sépulture du mort. On immolait des brebis noires aux dieux Manes, et l'on offrait aux manes de ses amis, du lait, du miel, du vin et des parfums.

D. Indiquez-nous les principaux fleuves des enfers.

R. C'étaient l'Achéron, le Cocyte, le Phlégéton, le Styx, l'Erèbe et le Léthé.

D. Faites-nous connaitre chacun de ces fleuves, et commencez par l'Achéron.

R. L'*Achéron*, fils du Soleil et de la Terre, n'a pas toujours coulé dans les enfers. Mais comme il avait, fourni de l'eau aux Titans, lorsqu'ils escaladèrent le ciel, Jupiter, pour le punir de cette perfidie, le précipita dans le séjour des morts. Son onde devint bourbeuse et amère.

D. Dites un mot du Cocyte.

R. Le *Cocyte* entourait le Tartare, et n'était formé que par les larmes des méchants. Des ifs plantés sur ses bords formaient un ombrage triste et ténébreux, et une porte posée sur des gonds d'airain donnait entrée dans les enfers.

D. Qu'était-ce que le Phlégéton ?

R. Le *Phlégéton* roulait des torrents de flammes, et environnait de toutes parts ; les prisons des méchants. Ce fleuve ne voyait croître aucun arbre aucune plante sur ses bords ; et, après, un cours assez long, en sens contraire du Cocyte, il se jetait comme lui dans l'Achéron.

D. Que nous direz-vous dit Styx ?

R. Ce fleuve environne neuf fois les enfers. *Styx* fut, dit-on, fille de l'Océan et de Téthys. Elle eut de l'Achéron une fille appelée la *Victoire*. Lorsque Jupiter, pour punir les Titans, appela les immortels à son secours, Styx accourut la première avec sa fille. Le maître des dieux, pour reconnaître ce service, la combla de bienfaits, et décréta que les dieux jureraient par son nom, et que ceux qui violeraient ce serment, seraient exilés dix ans de la cour céleste, et privés de l'ambroisie et du nectar. L'*ambroisie* était la nourriture ordinaire des dieux ; et le *nectar* était leur breuvage.

D. Qu'était l'Erèbe ?

R. L'*Erèbe*, fils du Chaos et de la Nuit, fut métamorphosé en fleuve, et précipité dans les enfers, pour avoir secouru les Titans. L'Érèbe se prend aussi pour une partie de l'enfer ou pour l'enfer même.

D, Faites-nous connaitre le Léthé.

R. Le *Léthé* se nomme aussi fleuve d'Oubli. Les ombres étaient obligées de boire de ses eaux, dont la propriété était de faire oublier le passé.

D. Où les anciens plaçaient-ils l'entrée des enfers ?

R. Dans la Campanie, contrée d'Italie, au marais d'*Averne*. Ce marais ou lac, consacré à Pluton, répandait des exhalaisons infectes. Les oiseaux qui volaient au-dessus, y tombaient morts.

D. Qui gardait la porte des enfers et du palais de Pluton ?

R. C'était *Cerbère*, chien à trois têtes. Il caressait ceux qui entraient, et dévorait ceux qui voulaient sortir, ou qui se présentaient pour entrer avant leur mort. Hercule l'enchaîna, lorsqu'il retira des enfers Alceste, épouse d'Admète. La sibylle, qui conduisit Énée aux enfers, l'assoupit avec une pâte assaisonnée de miel et de pavots ; et Orphée l'endormit pareillement au son de sa lyre, lorsqu'il alla chercher Eurydice.

> Et, Cerbère abaissant ses têtes menaçan-
> tes,
>
> Retint sa triple voix dans ses gueules béan-
> tes.

D. Qui était le nautonnier des enfers ?

R. C'était *Caron*, fils de l'Érèbe et de la Nuit ; il passait les ombres dans une barque pour une pièce de monnaie ; de là vient que les Grecs et les Romains mettaient une obole dans la bouche de leurs morts. Ceux qui n'avaient pas reçu, sur la terre, les honneurs de la sépulture, erraient cent ans sur le rivage, avant que d'être admis dans la barque. Voici la peinture que Virgile fait de Caron.

> De là vers le Tartare un noir chemin conduit ;
>
> Là l'Achéron bouillonne, et, roulant à grand
> bruit,
>
> Dans le Cocyte affreux vomit sa fange im-
> monde.
>
> L'effroyable Caron est nocher de cette onde.
>
> D'un poil déjà blanchi mélangeant sa noir-
> ceur,
>
> Sa barbe étale aux yeux son inculte épais-
> seur ;
>
> Un nœud lie à son cou sa grossière parure.
>
> Sa barque, qu'en roulant noircit la vague
> impure,
>
> Va transportant les morts sur l'avare Aché-
> ron ;

> Sans cesse il tend la voile, ou plonge l'Avi-
> ron,
>
> Son air est rebutant, et de profondes rides
>
> Ont creusé son vieux front de leurs sillons
> arides ;
>
> Mais, à sa verte audace, à son œil plein de
> feu,
>
> On reconnait d'abord la vieillesse d'un dieu.
>
> (Trad. de M. Delille.)

D. Quels sont les plus fameux scélérats que la fable place dans le Tartare ?

R. Elle nomme entr'autres Phlégyas, Sisyphe, Salmonée, Ixion, Titye, Tantale et les Danaïdes.

P. Qu'avait fait Phlégyas ?

R. Phlégyas, fils de Maris, et père de *Coronis*, voulut se venger de l'insulte qu'Apollon avait faite a cette nymphe ; il alla mettre le feu au temple de Delphes. Apollon le tua à coups de flèches, et le précipita dans le Tartare, où il est dans une continuelle appréhension de la chute d'un rocher qui lui pend sur la tête.

D. Qu'était Sisyphe ?

R. Sisyphe, fils d'Éole, était un insigne brigand qui désolait l'Attique, et faisait mourir de divers supplices touts les étrangers qui tombaient entre ses mains. Thésée le tua, et les dieux le précipitèrent dans les enfers, ou il fut condamné à rouler au haut d'une montagne escarpée un rocher qui retombait sans cesse.

D. Quel fut le crime de Salmonée ?

R. Salmonée, frère de Sisyphe, eut la témérité de vouloir passer pour un dieu. Pour y parvenir, il fit construire un pont d'airain, sur lequel il poussait un chariot qui imitait le bruit du tonnerre ; de là, il lançait des torches allumées sur quelques malheureux. Jupiter le foudroya et le précipita dans le Tartare.

D. A quel supplice fut condamné Ixion ?

R. Les Euménides l'attachèrent avec des serpents à une roue qui tournait sans cesse. *Ixion* était roi des Lapithes ; il refusa à Déionée les présents qu'il lui avait promis pour épouser sa fille ; ce qui porta ce dernier à lui enlever ses chevaux. Ixion, dissimulant son ressentiment, attira chez lui son beau-père et le fit tomber dans une fournaise ardente. Bientôt il fut consumé de remords, et livré à toutes les horreurs du plus affreux délire. Jupiter, touché de son repentir, l'admit à la table des dieux ; mais il osa concevoir une passion criminelle pour Junon. Celle-ci s'en plaignit à son époux. Jupiter, d'un coup de foudre, précipita Ixion dans les enfers.

D. Titye ne s'était-il pas rendu coupable d'un pareil crime envers Latone ?

R. Oui. *Titye*, géant dont le corps étendu couvrait neuf arpents de terre, voulut attenter à l'honneur de Latone. Apollon et Diane, pour venger leur mère, le tuèrent à coups de flèches. Les poètes ont feint qu'un insatiable vautour, attaché sur sa poitrine, lui dévore sans cesse le foie et les entrailles qui renaissent éternellement pour son supplice.

D. Qu'est-ce que la fable nous dit de Tantale ?

R. Tantale était fils de Jupiter, et roi de Phrygie. Pour éprouver les dieux, il leur servit les membres de son fils Pélops. Cérès, trop occupée de la douleur que lui causait l'enlèvement de sa fille, dévora une épaule. Les autres dieux eurent horreur de cet horrible festin ; ils ressuscitèrent Pélops, et lui donnèrent une épaule d'ivoire, au lieu de celle que Cérès avait mangée. Ils précipitèrent ensuite Tantale dans les enfers, et le condamnèrent à une soif et à une faim d'autant plus insupportables, qu'il était plongé dans l'eau jusqu'au cou, et avait devant lui une branche chargée de fruits exquis. L'eau se retirait toutes les fois qu'il voulait boire, et la branche se redressait toutes les fois qu'il voulait en cueillir les fruits.

D. Racontez l'histoire des Danaïdes.

R. Danaüs, roi d'Argos, eut cinquante filles appelées *Danaïdes*, du nom de leur père. *Égyptus*, son frère, qui donna son nom au pays où il régnait, eut cinquante fils. Les Danaïdes furent mariées à leurs cousins, et les cinquante mariages se célébrèrent le même jour ; mais Danaüs, auquel un oracle avait prédit qu'il serait détrôné par un de ses gendres, ordonna à ses filles d'assassiner leurs époux, la première nuit de leurs noces. Les Danaïdes obéirent toutes à leur père, à l'exception d'*Hypermnestre* qui sauva la vie à son époux *Lyncée*. Jupiter, pour punir ces filles cruelles, les condamna à remplir d'eau un tonneau percé.

> Tel qu'au séjour des Euménides
>
> On nous peint ce fatal tonneau,
>
> Des sanguinaires Danaïdes
>
> Châtiment à jamais nouveau :
>
> En vain ces sœurs veulent sans cesse
>
> Remplir la tonne vengeresse,
>
> Mégère rit de leurs travaux :
>
> Rien n'en peut combler la mesure
>
> Et par l'une et l'autre ouverture
>
> L'onde entre et fuit à flots égaux.
>
> (La Motte.)

D. Comment représente-t-on Pluton ?

R. On le représente communément sur un char traîné par des chevaux noirs, portant une couronne d'ébène sur la tête, et des clefs à la main.

D. Pluton est-il le même que Plutus ?

R. Non. *Plutus*, dieu des richesses, était fils de Cérès et de Jasion. On le met au nombre des dieux infernaux, parce que les richesses se tirent du sein de la terre, séjour des divinités infernales. Tantôt on le fait *aveugle*, pour marquer que le plus souvent il dispense mal ses faveurs ; tantôt on le représente *boiteux*, pour signifier que les richesses s'acquièrent lentement.

MERCURE.

D. Qu'était Mercure ?

R. *Mercure*, fils de Jupiter et de Maïa, était l'interprète et le messager des dieux, et en particulier de son père. Il conduisait aux enfers les âmes des morts, et les en ramenait. Il présidait à l'éloquence et au commerce. On le représente avec des ailes à la tête et aux pieds, et un caducée à la main.

D. Qu'était-ce que le caducée de Mercure ?

R. C'était une baguette entrelacée de deux serpents, et sur-montée de deux ailerons. Mercure, ayant rencontré un jour deux serpents qui se battaient, les sépara avec sa baguette autour de laquelle ils se réunirent. Ce caducée était regardé comme le symbole de la paix et de l'union.

D. Quels étaient les attributs de Mercure considéré comme dieu de l'éloquence ?

R. On le représentait avec des chaînes d'or, qui lui sortaient de la bouche, pour marquer que l'éloquence enchaîne et captive les esprits.

D. Quels étaient les attributs de Mercure, considéré comme dieu du commerce ?

R. On le peignait avec une bourse à la main gauche, et à l'autre un rameau d'olivier et une massue. Le rameau d'olivier est l'emblème de la paix nécessaire au commerce ; la massue est le symbole de la force et de la vertu, nécessaires au trafic. On prétend que Mercure tire son nom du mot latin *mercatura*, qui signifie négoce.

D, Mercure n'est-il pas en même temps le dieu des voleurs ?

R. Oui ; et il était lui-même un voleur très-habile. Il déroba un jour à Apollon sa lyre, ses armes, et le troupeau qu'il gardait pour le roi Admète. Un berger, nommé *Battus*, fut le seul témoin de ce larcin. Mercure, craignant qu'il ne le décelât, lui donna la plus belle des vaches qu'il avait prises. Battus promit le secret. Mer-cure, pour s'assurer de sa discrétion, revint bientôt après, sous la forme d'un paysan, et offrit un bœuf et une vache, s'il voulait dire où était le troupeau volé. Battus, tenté par une plus forte récompense, trahit Mercure, qui, pour le punir, le changea en pierre de touche. Cette pierre sert à éprouver les différents métaux.

D. Quelles inventions attribue-t-on à Mercure ?

R. Il enseigna, dit-on, l'arpentage et l'usage des poids et mesures. Homère lui attribue l'invention de la lyre. Mercure trouva une tortue sur le sable du Nil ; il la vida avec un ferrement, fit plusieurs trous à la coquille, colla du cuir à l'entour, y mit deux cornes, et la monta de cordes de fil de lin. Ces cordes étaient au nombre de neuf, en l'honneur des Muses. Mercure fit présent à Apollon de cet instrument.

MINERVE.

D. Racontez-nous la naissance de Minerve ?

R. Jupiter éprouva un jour un violent mal de tête : il ordonna à Vulcain de lui fendre la cervelle d'un coup de hache, et *Minerve* en sortit, armée de pied en cap. Minerve est la déesse de la sagesse et de la guerre. Lorsqu'elle préside à la guerre, elle prend le nom de *Pallas* ; lorsqu'elle préside à la sagesse et aux beaux-arts, on l'appelle *Minerve*.

D. Quel fut le fameux différent de Minerve avec Neptune ?

R. Minerve et Neptune se disputèrent l'honneur de nommer la ville d'Athènes. Les douze grands dieux, assemblés pour juger ce différent, déclarèrent qu'ils se décideraient en faveur de la divinité qui produirait la chose la plus belle et la plus utile. Neptune frappa la terre de son trident, et en fit sortir un beau cheval. Minerve, d'un coup de lance, fit naître l'olivier, symbole de la paix, et obtint la victoire. Elle donna son nom à la ville d'Athènes, appelée auparavant *Cécropie*, du nom de Cécrops, son fondateur. Minerve était nommée par les Grecs *Athéna* ou *Athéné*. L'olivier lui était consacré.

D. Quelle vengeance Minerve tira-t-elle d'Arachné ?

R. *Arachné* prétendit surpasser Minerve dans le talent de broder sur la toile et sur ta tapisserie. Elle osa même faire un défi à la déesse. Minerve, indignée d'une telle témérité, rompit le métier et les fuseaux de cette orgueilleuse rivale, et la changea en *araignée*.

D. Comment représente-t-on Minerve ?

R. On la représente armée d'une cuirasse, avec un casque sur la tête, une lance à la main, l'égide au bras, et auprès d'elle un hibou, son oiseau favori. Le hibou est le symbole de la prudence et de la sagesse.

D. Qu'était-ce que l'*Égide* de Minerve ?

R. C'était un bouclier couvert de la peau d'un monstre nommé *Égiès*, qui vomissait feu et flammes, et que Minerve tua. La déesse, pour rendre son bouclier plus effroyable, y attacha la tête de Méduse, l'une des trois Gorgones.

MARS.

Mars et Vulcain.

D. De qui Mars était-il fils ?

R. Mars était fils de Junon, qui lui donna seule le jour par l'attouchement d'une fleur des champs d'Olène. Ce dieu présidait à la guerre. De la Noue nous a tracé son caractère dans les vers suivants :

> Loin devant lui la farouche Terreur,
>
> D'un bras sanglant, d'une voix menaçante,
>
> Chasse la Peur et la froide Epouvante.
>
> Plus près du dieu, l'intrépide Valeur,
>
> Le glaive haut, L'œil fier, l'âme rassise,
>
> Porte en touts lieux la mort qu'elle méprise.
>
> Du char d'acier, chef-d'œuvre de Vulcain,
>
> L'Activité tient les rênes en main ;
>
> Fiers tourbillons, ses coursiers indomptables
>
> Sèment au loin des feux inévitables.
>
> Ce dieu terrible, environné d'éclairs,
>
> Brise, en passant, les sceptres, les couronnes,
>
> Frappe les rois écrasés sous leurs trônes,
>
> Lance la foudre, ébranle l'univers,
>
> Et fait trembler la terre en peuplant les enfers.

D. Comment représente-t-on le dieu Mars ?

R. On le représente toujours armé de pied en cap. On place auprès de lui un coq, symbole de la vigilance nécessaire au guerrier. On dit qu'il eut de Rhéa-Sylvia, fille de Numitor, Romulus et Rémus qui furent les fondateurs de la ville de Rome.

VULCAIN.

D. De qui Vulcain était-il fils ?

R. Vulcain était fils de Jupiter et de Junon. Il naquit si difforme, que Jupiter, indigné de sa laideur, le précipita du ciel. Il roula un jour entier dans le vague des airs, et tomba le soir dans l'île de Lemnos. Il se cassa la cuisse dans cette chute, et demeura toujours boiteux.

D. Quelles fonctions la fable attribue-t-elle à Vulcain ?

R. Elle le fait dieu du feu et chef des forgerons qui fabriquaient les foudres de Jupiter. Les forges de Vulcain étaient dans les îles de Lemnos, de Lipari, et dans les cavernes du mont Etna. Ses compagnons étaient les *Cyclopes*, ainsi appelés, parce qu'ils n'avaient qu'un œil au milieu du front.

VÉNUS

Vénus et Bacchus.

D. Racontez l'origine de Vénus.

R. Vénus, déesse de la beauté et des amours, était fille de Jupiter et de Dioné, l'une des nymphes de la mer. D'autres prétendent qu'elle fut formée de l'écume des eaux. Aussitôt qu'elle fut née, Zéphire la porta dans l'île de Chypre, ou les Heures se chargèrent de la nourrir ; et, bientôt après, elles la conduisirent avec pompe dans le ciel. Touts les dieux la trouvèrent si belle, que chacun d'eux voulut l'épouser. Jupiter accorda la préférence à Vulcain, pour le récompenser des services qu'il lui avait rendus en forgeant des foudres contre les géants. Ainsi, le plus laid des dieux devint l'époux de la plus belle des déesses. Vénus, mécontente d'un tel choix, eut plusieurs amants, dont les principaux sont Mars, Bacchus, Anchise prince troyen, et Adonis jeune chasseur.

D. Quel enfant naquit des amours de Vénus et de Mars ?

R. Ce fut *Cupidon* ou l'Amour. On le représente sous la figure d'un enfant nu, avec un sourire malin, un bandeau sur les yeux, un arc à la main et quelquefois un flambeau. Il a des ailes, et porte un carquois rempli de flèches ardentes. Le culte que l'on rendait à ce dieu, lui était commun avec sa mère.

D. Vénus eut-elle des enfants de Bacchus ?

R. Oui ; elle en eut l'Hymen, appelé aussi *Hyménée*, qui présidait au mariage. On le représente sous la figure d'un jeune homme blond, couronné de roses, et tenant un flambeau à la main.

On prétend que Vénus eut encore de Bacchus, les trois Grâces, *Aglaé, Thalie* et *Euphrosyne*. D'autres les font filles de Jupiter et d'Eurynome. Elles sont les compagnes inséparables de Vénus. Elles suivent aussi assez ordinairement la cour des Muses. On les peint nues, et se tenant par la main, pour montrer que les Grâces n'empruntent rien de l'art, et qu'elles n'ont d'autres charmes que ceux de la nature.

D. Que dit la fable des amours de Vénus et d'Anchise ?

R. La fable dit que Vénus, ayant pris du goût pour Anchise, descendant de Tros, fondateur de Troie, le venait trouver sur le mont Ida. Ce prince osa se vanter de son bonheur ; et Jupiter, pour le punir de son indiscrétion, le frappa de la foudre qui ne fit que l'effleurer. *Enée* fut le fruit de l'union de Vénus avec Anchise.

D. Faites-nous connaitre le chasseur Adonis.

R. Adonis était un jeune homme d'une beauté extraordinaire. Vénus l'aima si passionnément, qu'elle quitta l'Olympe et les dieux pour le suivre. Elle l'accompagnait dans les forêts. Mars, jaloux, employa pour se venger, le secours de Diane. Cette déesse suscita un sanglier énorme, qu'Adonis irrita, en l'attaquant. L'animal furieux se jeta sur lui, et le tua. Vénus, au désespoir, regrettait d'être immortelle. Elle changea Adonis en *anémone*.

D. Racontez la vengeance que Vénus tira de Psyché.

R. Psyché était une princesse si belle, qu'elle fut aimée de l'Amour même. Ce dieu la fit transporter dans un palais somptueux, où elle était servie par des nymphes invisibles. Il venait la visiter pendant la nuit, et se retirait à la pointe du jour, pour éviter d'en être aperçu. Il lui recommandait de ne point chercher à le connaitre. Mais Psyché, entraînée par une funeste curiosité, se lève adroitement pendant le sommeil de son époux, prend une lampe, s'approche du lit, et voit Cupidon. Malheureusement, une goutte d'huile brûlante tombe sur le sein du dieu qui se réveille et s'enfuit sans retour. Vénus, déjà jalouse de la beauté de Psyché, fut bien plus irritée encore, lorsqu'elle sut que cette princesse lui avait enlevé son fils. Elle la persécuta si cruellement qu'elle la fit mourir. Mais Jupiter lui rendit la vie, et lui donna l'immortalité, en faveur de Cupidon.

D. Qu'était-ce que la ceinture de Vénus ?

R. Cette ceinture, dont on raconte tant de merveilles, était un tissu mystérieux qui renfermait toutes les grâces, et faisait infailliblement aimer la personne qui le portait. Venus prêta un jour cette ceinture à Junon, et la fière épouse du maître des dieux, parut plus belle aux yeux de Jupiter. Homère nous a laissé une magnifique description de *la ceinture de Vénus.*

D. En quels lieux Vénus était-elle particulièrement honorée ?

R. Elle était particulièrement honorée dans l'île de Chypre, d'où lui est venu le nom de *Cypris*. Elle avait, dans cette île, plusieurs temples superbes. Les plus célèbres sont ceux de Paphos, d'Amathonte, et d'Idalie. Elle avait aussi des temples à Cythère, à Gnide, etc. Tout le monde connait la belle description du temple de l'Amour, qui commence le neuvième chant de la *Henriade*.

> Sur les bords fortunés de l'antique Idalie,
>
> Lieux où finit l'Europe et commence l'Asie,
> etc.

D. Qu'était-ce que le saut de Leucate ?

R. *Leucate* était un promontoire dans l'île de Leucade. On prétendait que ceux qui se précipitaient du haut de la roche Leucadienne, étaient infailliblement guéris de leur amour. La fameuse Sapho, poète pleine de grâces, s'exposa à cette aventure, afin d'éteindre sa malheureuse passion pour Phaon,

D. Comment Vénus est-elle représentée ?

R. Elle est ordinairement représentée sur un char traîné par des colombes ou par des cygnes, ou par des moineaux. On place à côté d'elle, son fils Cupidon. La *rose* lui était consacrée, comme ayant été teinte du sang d'Adonis, ou de Vénus ellemême blessée par une des épines de cette fleur. C'est ainsi que la rose, qui auparavant était blanche, changea de couleur et devint rouge.

Bacchus.

D. Racontez la naissance de Bacchus ?

R. Bacchus eut pour père Jupiter, et pour mère Sémélé, fille de Cadmus roi de Thèbes. Junon, toujours jalouse, imagina ce moyen de punir Sémélé de la passion qu'elle avait inspirée à Jupiter ; elle prit les traita de Béroé, nourrice de la princesse, et conseilla à sa rivale de demander à Jupiter qu'il se fît voir à elle dans tout l'éclat de sa gloire.

> Exigez qu'aux Thébains lui-même il vienne apprendre
>
> Un choix pour vous si glorieux ;
>
> Qu'armé de son tonnerre il se montre à vos yeux ;
>
> Que par le Styx il jure de descendre
>
> Avec tout d'appareil du souverain des dieux,
>
> Tel qu'aux yeux de Junon il parait dans les cieux.
>
> (La Motte.)

Sémélé fit en effet promettre à son amant de lui accorder la grâce qu'elle allait lui demander. Jupiter jura par le Styx de faire ce qu'elle voulait. La princesse s'expliqua, et Jupiter fut contraint malgré lui d'accomplir son serment. Sémélé fut brûlée par la foudre ; le maître des dieux prit le petit Bacchus dont elle était enceinte, et l'enferma dans sa cuisse jusqu'au temps marqué pour sa naissance.

D. Par qui Bacchus fut-il élevé ?

R. Il fut d'abord confié aux soins d'Ino, sa tante, qui l'éleva avec le secours des Hyades, des Heures et des Nymphes. Il fut ensuite instruit par les Muses, et par Silène, vieux satyre, qui depuis suivit son nourrissent à la conquête des Indes. Silène était toujours monté sur un âne, et ne passait pas un jour sans s'enivrer.

D. Que fit Bacchus, lorsqu'il fut devenu grand ?

R. Il parcourut toute la terre, et fit la conquête des Indes avec une armée d'hommes et de femmes qui, au lieu d'armes, portaient des thyrses et des tambours. Il alla ensuite en Égypte, où il enseigna aux hommes l'agriculture, planta la vigne, et fut adoré comme le dieu du vin.

D. Comment représente-t-on Bacchus ?

R. On le peint sous la figure d'un jeune homme, avec un teint vermeil et un visage réjoui, comme il convient au dieu de la vendange. Il est assis sur un tonneau avec une coupe à la main, ou sur un char traîné par des tigres, des lynx ou des panthères, et tenant à la main un thyrse, qui est une baguette entourée de pampres et de lierre et surmontée d'une pomme de pin.

D. Comment se célébraient les fêtes de Bacchus ?

R. Elles étaient célébrées, avec de grandes clameurs, par des prêtresses nommées *Bacchantes, Thyades* et *Ménades*. On les voyait revêtues de peaux de tigres, courir par les montagnes, et invoquer leur dieu. Elles avaient les cheveux épars, et portaient en main des flambeaux ou des thyrses. Ces fêtes s'appelaient *Bacchanales* ou *Orgies* (fureur). Les paysans de l'Attique les célébraient en sautant, un pied en l'air, sur des peaux enflées en forme de ballons, et frottées d'huile. Ceux qui se laissaient tomber, faisaient rire toute cette assemblée champêtre.

On immolait à Bacchus une pie, parce que le vin fait parler avec indiscrétion, ou un bouc, parce que cet animal détruit les bourgeons de la vigne.

Penthée, roi de Thèbes, ayant voulu s'opposer à la célébration des Bacchanales, fut mis en pièces, sur le mont Cythéron, par les bacchantes, au milieu desquelles se trouvaient la mère et les parentes de ce prince. Les *Minéides*, ou filles de Minée, s'étant moquées des fêtes de Bacchus, et ayant continué de travailler pendant qu'on célébrait les orgies, furent métamorpho-

sées par ce dieu en chauve-souris, et leurs toiles furent changées en feuilles de vigne ou de lierre.

APOLLON.

Apollon et Diane.

D. De qui Apollon était-il fils ?

R. Apollon était fils de Jupiter et de Latone. La jalouse Junon suscita contre Latone le serpent Python, qui la poursuivait sans relâche. La Terre avait juré à la reine des dieux de ne point donner d'asile, à sa rivale. Latone, arrivée au bord de la mer, ne pouvait plus échapper aux poursuites du monstre ; mais Neptune vint au secours de l'infortunée Latone. Le dieu de la mer poussa contre le rivage l'île de Délos, qui était flottante, et qui fut alors rendue stable. Latone s'y réfugia, et y mit au monde Apollon et Diane. Apollon fut surnommé *Délien*, du lieu où il avait pris naissance.

D. Quels sont les attributs du fils de Latone ?

R. Apollon est le dieu des arts, de la poésie et de la médecine ; il est aussi considéré comme le dieu du jour.

D. Comment Apollon délivra-t-il la terre du serpent Python ?

R. Apollon tua à coups de flèches ce serpent monstrueux, qui était né du limon de la terre après le déluge de Deucalion, et dont les poursuites avaient causé tant de tourments à Latone. Apollon fit couvrir de sa peau le trépied sur lequel s'asseyait la pythonisse pour rendre ses oracles. En mémoire de cet événement, on institua les jeux Pythiens,

> Chez les filles de mémoire
>
> Allez apprendre l'histoire
>
> De ce serpent abborré,
>
> Dont l'haleine détestée,
>
> De sa vapeur empestée
>
> Souilla leur séjour sacré.
>
> Lorsque la terrestre masse
>
> Du déluge eut bu les eaux,
>
> Il effraya le Parnasse

Par des prodiges nouveaux.

Le ciel vit ce monstre impie,

Né de la fange croupie

Au pied du mont Pélion,

Souffler son infecte rage

Contre le naissant ouvrage

Des mains de Deucalion.

Mais le bras sûr et terrible

Du dieu qui donne le jour,

Lava dans son sang horrible

L'honneur du docte séjour,

Bientôt de la Thessalie,

Par sa dépouille ennoblie,

Les champs en furent baignés ;

Et du Céphise rapide

Son corps affreux et livide

Grossit les flots indignés.

(Rousseau.)

D. A quelle occasion Apollon fut-il banni du Ciel ?

R. Esculape, fils d'Apollon, avait appris de son père et du centaure Chiron l'art de la médecine. Il y devint si habile, qu'il rendit la vie à Hippolyte, fils de Thésée, que des monstres marins avaient mis en pièces. Jupiter, indigné qu'un mortel empiétât sur ses droits, foudroya le téméraire médecin. Apollon, ne pouvant se venger contre Jupiter même, tua à coups de flèches les cyclopes qui avaient forgé la foudre. Le maître des dieux en fut si irrité, qu'il chassa Apollon du ciel.

D. Que devint Apollon pendant son exil ?

R. Apollon, dépouillé de touts ses rayons, fut contraint de se faire berger et de garder les troupeaux d'Admète, roi de Thessalie ; c'est ce qui l'a fait honorer depuis comme le dieu des pasteurs. Il aima Daphné, fille du fleuve Pénée, et la poursuivit une année entière. Daphné, épuisée de fatigue, implora le secours de son père, qui la métamorphosa en laurier. Apollon en détacha un rameau dont il se fit une couronne, et voulut que désormais le laurier lui fût consacré, et devînt la récompense des poètes.

> Aux plus savants auteurs, comme aux plus grands guerriers
>
> Apollon ne promet qu'un nom et des lauriers.
>
> (Boileau.)

D. Apollon ne fut-il pas aussi malheureux dans ses amitiés que dans ses amours ?

R. Oui. Il aimait beaucoup le jeune Hyacinthe ; mais un jour, en jouant avec lui au palet, il eut le malheur de le tuer. Il le changea en une fleur qui porté son nom. Le père et la mère d'Hyacinthe voulurent venger sur Apollon la mort de leur fils. Apollon s'enfuit dans la Troade, où Laomédon l'employa avec Neptune à bâtir les murs de Troie.

D. Comment finit la disgrâce d'Apollon ?

R. La colère de Jupiter s'apaisa. Apollon fut rappelé dans le ciel, où il reprit son rang, et fut chargé de distribuer la lumière à l'univers. Comme père de la lumière, Apollon est appelé Phébus ou le Soleil. On le représente sur un char rayonnant de feu, et tiré par quatre chevaux fougueux.

> O dieu de la clarté ! vous réglez la mesure
>
> Des jours, des saisons et des ans ;
>
> C'est vous qui produisez dans les fertiles champs

Les fruits, les fleurs et la verdure ;

Et toute la nature

N'est riche que de vos présents.

La nuit, l'horreur et l'épouvante

S'emparent du séjour que vous abandon-
nez ;

Tout brûle, tout rit, tout enchante,

Dans les lieux où vous revenez,

(Quinault.)

D. Quels sont les enfants du Soleil ?

R. Il en eut plusieurs, dont les plus célèbres sont l'Aurore et Phaéton.

D. Qu'est-ce que les poètes disent de l'Aurore ?

R. Ils disent que lorsque le Soleil sort du lit de Téthys, l'*Aurore* monte sur un char doré, attelé de deux chevaux plus blancs que la neige. Les roues du char tracent dans l'air un léger sillon de pourpre nuancé d'or et d'azur, La déesse arrive aux portes transparentes de l'Orient, et les ouvre avec ses doigts de rose ; là, elle s'arrête sur un nuage, et d'un œil impatient elle attend le char de son père. Bientôt, au milieu de l'harmonie des sphères célestes, elle croit entendre le hennissement de ses quatre coursiers. Ensuite, elle distingue à travers une vapeur enflammée, l'ardent *Pyroïs*, le léger *Eoüs*, le fougueux *Ethon*, et l'indomptable *Phlégon*. Enfin, elle aperçoit son père lui-même, qui, de sa main immortelle, tient les rênes étincelâmes. A cette vue, la fille du jour verse des larmes de tendresse ; les zéphyrs les recueillent sur leurs ailes, et les répandent en rosée sur les fleurs.

D. Qu'est-ce que la fable raconte des amours de l'Aurore ?

R. L'Aurore aima principalement Tithon et Céphale.

Tithon était fils de Laomédon, et frère de Priam. L'Aurore l'enleva dans son char. Elle demanda pour lui à Jupiter l'immortalité, et l'obtint. Mais elle oublia de demander qu'il ne vieillît pas. Tithon devint si caduc, qu'il fallut l'emmaillotter comme un enfant. Ennuyé des infirmités de la vieillesse, il souhaita d'être changé en cigale. Jupiter lui accorda sa demande.

Céphale était fils d'Éole, et mari de Procris, fille d'Érechthée, roi d'Athènes. L'Aurore l'enleva ; mais Céphale resta fidèle à Procris. L'Aurore, après l'avoir inutilement retenu, le rendit à son épouse. Céphale résolut d'éprouver la fidélité de Procris. Il se déguisa, et séduisit son épouse par les présents qu'il lui offrit. Il se découvrit ensuite, et reprocha amèrement à Procris son infidélité. Elle alla cacher sa honte dans les bois. Céphale l'y suivit, ne pouvant vivre sans elle. Procris devint jalouse à son tour. Un jour elle se cacha dans un buisson pour épier son époux. Céphale croyant que c'était une bête féroce, la tua avec un dard qu'il lui lança, et qui avait la propriété de ne manquer jamais son coup. Ayant reconnu son erreur, il se perça avec le même dard. Jupiter changea Céphale et Procris en astres.

D. Quel fils naquit des amours de Tithon et de l'Aurore ?

R. Ce fut *Memnon*, qui fut tué par Achille, au siège de Troie. Jupiter, pour consoler l'Aurore de la mort de ce fils chéri, lui promit que quand on brûlerait le corps de Memnon, les cendres seraient changées en oiseaux. Ces oiseaux s'appelèrent *Memnonides*. On érigea une statue à Memnon, dans la ville de Thèbes en Égypte. Quand le soleil levant touchait cette statue de ses rayons, elle rendait un son agréable. Le soir, lorsque le soleil allait éclairer un autre hémisphère, elle rendait un son lugubre. Ainsi, cette statue semblait se réjouir du retour de l'Aurore, et s'attrister de son départ.

D. Quelles sont les aventures de Phaéton ?

R. Phaéton eut un différent avec Epaphus qui lui reprocha de n'être pas le fils du Soleil, comme il s'en vantait. Phaéton alla se plaindre à sa mère, qui le renvoya au Soleil pour apprendre de sa propre bouche la vérité de sa naissance. Phaéton se rendit donc au palais du Soleil. Ovide nous a laissé une superbe description de ce palais.

Sur cent colonnes d'or, circulaire portique,

S'élève du Soleil le palais magnifique.

Le dôme est étoilé de saphirs éclatants.

Les portes font jaillir de leurs doubles battants

L'éclat d'un argent pur, rival de la lumière :

Mais le travail encor surpassait la matière.

Là d'un savant burin l'artisan de Lemnos

De l'Océan mobile a ciselé les flots,

Et l'orbe de la Terre environné de l'onde,

Et le ciel radieux, voûte immense du monde.

L'onde a ses dieux marins, et Protée, et Triton,

Triton la conque en main, et l'énorme Égéon

Qui presse entre ses bras une énorme baleine.

On voit au milieu d'eux, sur la liquide plaine,

Les filles de Doris former cent jeux divers,

Sécher leurs longs cheveux, teints de l'azur des mers,

Sur le dos des poissons voguer, nager ensemble ;

Leur figure diffère, et pourtant se ressemble ;

Elle sied à des sœurs. La Terre offre à la fois

Ses hameaux, ses cités, ses fleuves et ses bois,

Et les nymphes de l'onde, et les dieux du bocage.

Au-dessus luit des cieux la rayonnante image ;

> Et le cercle des mois, sous des signes di-
> vers,
>
> D'une ceinture oblique embrasse l'univers.
>
> (Trad. de Saintange.)

D. Que demanda Phaéton au Soleil ?

R. Phaéton expliqua à son père le sujet de sa venue, et le conjura de lui accorder une grâce, sans la spécifier. Le Soleil, cédant aux mouvements de l'amour paternel, jura par le Styx de ne lui rien refuser. Alors le jeune téméraire lui demanda la permission d'éclairer le monde pendant un jour seulement, en conduisant son char. Le Soleil, engagé par un serment irrévocable, fit touts ses efforts pour détourner son fils d'une entreprise si difficile ; mais inutilement. Phaéton, qui ne connait point de danger, persiste dans sa demande, et monte sur le char. Les chevaux du Soleil s'aperçoivent bientôt du changement de conducteur. Ne sentant plus la main de leur maître, ils se détournent de la route ordinaire ; et tantôt montant trop haut, ils menacent le ciel d'un embrasement inévitable ; tantôt descendant trop bas, ils tarissent les rivières, et brûlent les montagnes. La Terre, desséchée jusqu'aux entrailles, porte ses plaintes à Jupiter, qui, pour prévenir le bouleversement de l'univers, et apporter un prompt remède à ce désordre, renverse d'un coup de foudre le fils du Soleil, et le précipite dans l'Éridan. Ses sœurs, les *Héliades*, inconsolables de la mort de leur frère, furent changées en peupliers, et leurs larmes en ambre. *Cygnus*, parent de Phaéton, fut métamorphosé en cygne.

D. Dites un mot des oracles d'Apollon.

R. Apollon eut des oracles sans nombre. Les plus célèbres furent ceux de Délos, de Ténédos et de Claros. Son temple le plus superbe et le plus renommé était celui de Delphes. La prêtresse qu'il y animait de son enthousiasme, s'appelait Pythonisse. Elle était assise sur une petite table à trois pieds, qui s'appelait *trépied* ou *cortine*. Cette table était couverte de la peau du serpent Python.

D. Que devons-nous savoir d'Apollon, considéré comme l'inventeur de la poésie et de la musique ?

R. Apollon, comme dieu de la poésie et des beaux-arts, est le maître des neuf Muses, avec lesquelles il habite le mont sacré : cette demeure est appelée le Parnasse, l'Hélicon, le Piérius ou le Pinde, parce que toutes ces montagnes sont consacrées à Apollon et aux Muses. On l'appelle encore le *sacré vallon*. Ce vallon, est arrosé par la rivière de Permesse, par les eaux de la fontaine de Castalie, et par celles de l'Hippocrène.

D. Racontez l'origine de l'Hippocrène.

R. Cette fontaine doit son origine à Pégase, qui la fit jaillir d'un coup de pied.

Pégase était un cheval ailé qui naquit du sang de Méduse, lorsque Persée coupa la tête à cette gorgone. Pégase passe pour être la monture des bons poètes.

D. Quelle vengeance Apollon tira-t-il de Midas ?

R. Pan avait eu la témérité de prétendre que sa flûte devait l'emporter sur la lyre d'Apollon. Midas, roi de Phrygie, fut pris pour juge, et adjugea la victoire à Pan, son ami. Apollon, pour s'en venger, fît présent à Midas d'une paire d'oreilles d'âne.

> Apollon ne veut pas qu'une oreille si dure
>
> De l'oreille de l'homme ait encor la figure :
>
> Couverte d'un poil gris on la voit se dresser,
>
> S'allonger, et de honte aussitôt s'abaisser ;
>
> Et, puni du délit de son stupide organe,
>
> Midas, le roi Midas, a des oreilles d'âne.
>
> (Ovide, trad. de Saintange.)

Le roi ne put cacher sa honteuse difformité à son barbier. Midas lui promit de grandes récompenses, s'il gardait le secret ; et le menaça des plus terribles châtiments, s'il le violait. Le barbier, embarrassé de son secret, fit un trou dans la terre, en approcha la bouche, et dit à voix basse, que son maître avait des oreilles d'âne. Des roseaux crûrent en cet endroit ; et, agités par le vent, ils faisaient entendre ces sons : *Midas a des oreilles d'âne.*

D. Quel autre trait la fable raconte-t-elle encore de Midas ?

R. La fable raconte que, lorsque Bacchus allait faire la conquête de l'Inde, Silène s'arrêta vers une fontaine où Midas avait fait verser du vin. Le vieux Silène s'enivra. Des paysans qui le trouvèrent, le parèrent de guirlandes, et l'amenèrent à Midas qui lui fit un magnifique accueil. Bacchus, ayant retrouvé son père nourricier, en ressentit tant de joie, qu'il promit à Midas de lui accorder le premier don que celui-ci lui demanderont. Midas demanda le privilège de changer en or tout ce qu'il toucherait. Bacchus lui accorda sa demande. Mais bientôt Midas regretta d'avoir obtenu une telle faveur. Les aliments, en approchant de ses lèvres, se changeaient en or.

Midas se réjouit d'un nuisible bienfait,

Y croit à peine, et veut en éprouver l'effet.

Il détache une branche ; et sa tige et sa feuille

Se jaunit d'un or pur dans la main qui la cueille.

S'il ramasse une pierre, il ramasse un trésor,

Et la glèbe qu'il touche est une glèbe d'or.

Il change en gerbe d'or l'épi des champs arides ;

La pomme est en ses mains un fruit des Hespérides.

Aux battants d'une porte applique-t-il ses doigts ?

L'or pur en longs reflets rayonne sur le bois.

Si d'une eau qu'on épand sa main est arro-
sée,

On voit autour de lui l'or pleuvoir en rosée.

De ses vœux insensés rien n'arrête l'essor ;

Déjà dans sa pensée il change tout en or.

Tandis qu'il s'applaudit d'un don peu désira-
ble,

Des mets les plus exquis on a chargé sa
table :

Sa main change en métal les présents de
Cérès.

C'est en vain qu'il s'apprête à savourer les
mets :

Sa dent qui se fatigue écrase un or solide ;

Sur ses lèvres le vin ruisselle en or fluide :

Détrompé d'un bonheur qui le rend malheureux,

Il maudit sa richesse, et condamne ses
vœux.

Consumé d'une faim, d'une soif sans remède,

Il se trouve indigent des trésors qu'il possè-
de ;

L'or qu'il a désiré punit ses vains désirs.

Il lève au ciel les mains, il pousse des soupirs,

Il s'écrie : ô Bacchus ! pardonne un vœu
coupable ;

Délivre-moi d'un bien qui me rend misérable.

(Ovide, trad. de Saintange.)

Bacchus, touché du repentir de Midas lui ordonna, pour se délivrer de cette vertu fatale, de se baigner dans les eaux du Pactole. Ce fleuve, qui traverse la Lydie[6], roule depuis ce temps un sable d'or avec ses flots.

D. Dites quelle vengeance Apollon tira pareillement de Marsyas.

R. *Marsyas* était un satyre de Phrygie. Il trouva la flûte que Minerve avait rejetée, parce que cet instrument la rendait trop difforme, quand elle s'en servait. Marsyas perfectionna la flûte, où il sut rassembler touts les sons qui se trouvaient auparavant partagés entre les divers tuyaux du chalumeau. Il fut le premier qui mit en musique les hymnes consacrés aux dieux. Attaché à Cybèle, il l'accompagna dans ses voyages, qui les conduisirent l'un et l'autre à Nyse, où ils rencontrèrent Apollon. Fier de ses nouvelles découvertes, Marsyas eut la hardiesse de faire au dieu un défi qui fut accepté, à condition que le vaincu serait à la discrétion du vainqueur. Apollon l'emporta sur son rival, et l'ayant attaché à un arbre, il l'écorcha tout vif. Le sang de Marsyas fut transformé en un fleuve qui porta le même nom, et qui traversait la ville de Célène, dans la Phrygie.

D. Comment Apollon est-il représenté ?

R. Apollon est représenté sous les traits d'un beau jeune homme avec des cheveux blonds, un carquois sur l'épaule, un arc à la main, sur la tête une couronne de laurier ; ou bien dans son char d'or traîné par quatre chevaux placés de front.

D. Quel était l'oiseau consacré à Apollon ?

R. C'était le corbeau, parce que cet oiseau présidait aux divinations, et que son vol et son chant servaient souvent de règle aux augures. La fable dit que le corbeau avait d'abord le plumage blanc, mais qu'Apollon le noircit pour le punir d'un rapport indiscret. L'oiseau avait découvert à Apollon l'infidélité de Coronis que ce dieu aimait. Apollon, dans un premier transport de jalousie, tua son amante ; mais il se repentit bientôt de sa vengeance, et changea Coronis en corneille.

LES MUSES.

D. De qui les Muses sont-elles filles ?

R. Les *Muses* sont filles de Jupiter et de Mnémosine, déesse de la mémoire. On en compte neuf, savoir, Calliope, Clio, Erato, Thalie, Polymnie, Uranie, Melpomène, Terpsichore et Euterpe. Elles habitaient avec Apollon sur le mont Parnasse.

D. A quoi préside chacune des neuf Muses ?

R. Calliope préside à l'éloquence et au poème héroïque ; Clio, à l'histoire ; Erato, aux poésies amoureuses ; Melpomène, à la tragédie ; Thalie, à la comédie ; Terpsichore, à la danse ; Euterpe, aux instruments ; Polymnie, à l'ode ; Uranie, à l'astronomie.

Les divers emplois des Muses sont heureusement exprimés dans les vers suivants :

> Clio, des temps passés conservant la mémoire,
>
> Des peuples et des rois nous raconte l'histoire.

> Calliope, en ses vers nobles, harmonieux,
>
> Célèbre les exploits des héros et des dieux.

> Un poignard à la main, la triste Melpomène
>
> Tient du malheur des grands épouvanter la scène.

> La comique Thalie instruit ses spectateurs,
>
> Et nous peint, en riant, nos vices et nos mœurs.

Terpsichore, avec art règle ses pas agiles ;
A la danse elle rend ses élèves habiles.

Euterpe, présidant aux leçons des bergers,
De la flûte tira des sons doux et légers.

Erato sait toucher et le luth et la lyre,
Et dicter aux amants des vers qu'amour inspire.

Polymnie, éloquente en ses moindres discours,
Prescrit à l'orateur ses termes et ses tours.

Et la docte Uranie, étudiant la sphère,
Sait mesurer les cieux et diviser la terre.

DIANE.

D. De qui Diane était-elle fille ?

R. Diane était fille de Jupiter et de Latone, et sœur d'Apollon ; on là nommait *Lune* dans le ciel, *Diane* sur la terre, Hécate dans les enfers ; et sous ces trois différents noms, elle n'était qu'une même divinité : c'est pourquoi les poètes l'appellent *déesse à trois formes* ou *triple Hécate*. Les trois fonctions qui lui sont propres, se trouvent bien expliquées dans ces vers.

> Brillant astre des nuits, vous réparez l'absence
> Du dieu qui nous donne le jour ;
> Votre char, lorsqu'il fait son tour,
> Impose à l'univers un auguste silence,
> Et touts les feux du ciel composent votre cour.
> En descendant des cieux, vous venez sur la terre
> Régner dans les vastes forêts ;
> Votre noble loisir sait imiter la guerre :
> Les monstres dans vos jeux succombent sons vos traits.
> Jusque dans les enfers votre pouvoir éclate ;
> Les manes en tremblant écoutent votre voix ;
> Au redoutable nom d'Hécate,
> Le sévère Pluton rompt lui-même ses lois.
> (Fontenelle.)

D. Comment Diane était-elle considérée sur la terre ?

R. Elle était considérée comme la déesse des chasseurs. Elle habitait les bois et les forêts avec une troupe de nymphes qu'elle occupait toujours à la chasse. On l'appelle la *chaste Diane*, parce qu'elle ne voulut jamais se marier. Elle avait même tant de pudeur, qu'elle changea en cerf le chasseur Actéon qui avait eu la témérité de la regarder dans le bain. Actéon fut dévoré par ses propres chiens. On dit cependant que Diane aima le berger Endymion ; mais alors elle est regardée comme divinité céleste.

D. Comment Diane punit-elle la nymphe Calisto ?

R. Calisto, fille de Lycaon, était la nymphe la plus chérie de Diane. Jupiter en devint amoureux, et prit la figure de Diane même pour tromper la nymphe trop crédule. La déesse, ayant connu la faute de Calisto, la chassa de sa compagnie, Junon poussa plus loin sa vengeance, et la métamorphosa en ourse ; mais Jupiter l'enleva avec son fils *Arcas*, et les plaça dans le ciel, où ils forment les constellations de la grande et de la petite *Ourse*.

D. Quelle vengeance Diane exerça-t-elle contre Niobé ?

R. Niobé, fille de Tantale et de Dioné, épousa Amphion, roi de Thèbes. Elle en eut douze enfants, six fils et six filles ; et, fière de sa fécondité, elle se préféra à Latone. Diane et Apollon, pour venger leur mère, tuèrent à coups de flèches touts les enfants de Niobé ; et cette mère infortunée, changée en rocher, conserva, pour son supplice éternel, le sentiment de sa douleur.

D. Quel était le plus fameux temple de Diane ?

R. C'était celui d'Éphèse. Toute l'Asie concourut pendant deux cent vingt-cinq ans à l'enrichir et à l'orner, et il fut compté au nombre des sept merveilles du monde. Il fut brûlé par Érostrate, le jour même de la naissance d'Alexandre. Érostrate y mit le feu, dans la seule vue de rendre son nom célèbre. Les Éphésiens défendirent par un décret de prononcer le nom de ce fou ; mais ce nom n'en est pas moins parvenu jusqu'à nous.

D. Comment Diane est-elle représentée ?

R. On la représente chaussée d'un cothurne, tenant un arc d'une main, et de l'autre une flèche ; elle porte un carquois sur l'épaule, et un croissant sur le front. Quelquefois on la peint dans un char traîné par des biches.

GÉNIUS

D. Qu'est-ce que Génius ?

R. Génius est le dieu de la nature. On le regardait comme la divinité qui donnait l'être et le mouvement à tout. Les empires, les provinces, les villes et les lieux particuliers avaient leur génie tutélaire. Chaque homme avait aussi son génie ; quelques-uns même prétendaient que les hommes en avaient deux, un bon, qui les portait au bien, et un mauvais, qui leur inspirait le mal. Chacun, le jour de sa naissance, sacrifiait à son génie ; on lui offrait du vin, des fleurs, de l'encens ; mais on ne répandait point de sang dans ces sortes de sacrifices.

SECONDE PARTIE.

DIEUX DE LA SECONDE CLASSE.

DIVINITÉS CHAMPÊTRES.

PAN.

Pan et Flore.

Demande. Quel dieu tenait le premier rang parmi les divinités champêtres ?

Réponse. C'était le dieu *Pan* ; il était l'inventeur de la flûte, et le dieu des bergers, des bois et des prairies.

> Pan trouva le premier cet art ingénieux
>
> De former sur la flûte un son harmonieux.
>
> Pan règne sur nos bois ; il aime nos prai-
> ries :
>
> C'est le dieu des bergers et de leurs berge-
> ries.
>
> (Gresset.)

On le représentait avec des cornes sur la tête, une face rubiconde et tenant en main une espèce de flûte composée de plusieurs tuyaux, qu'on appelait *syrinx*.

D. Racontez l'origine de cette flûte.

R. *Syrinx*, fille du fleuve Ladon, était une des nymphes de Diane. Pan l'aima inutilement. Syrinx, fuyant ses poursuites, arriva sur les bords du Ladon, et implora le secours de son père. Celui-ci la changea en roseau. Pan joignit avec de la cire plusieurs bouts de roseau, et en forma la flûte.

D. Dites d'où vient l'expression de *terreur panique*.

R. Les Grecs ont attribué à leur dieu Pan l'origine de cette terreur subite dont la cause est inconnue. Brennus s'était avancé à la tête des Gaulois, pour piller le fameux temple de Delphes. Pan jeta l'épouvante dans cette armée qui fut taillée en pièces. De là vient l'expression de *terreur panique*.

D. En quels lieux Pan était-il principalement honoré ?

R. Pan était particulièrement honoré en Arcadie. Les Romains célébraient en son honneur des fêtes appelées *Lupercales*. Ce mot vient du nom d'une grotte située sur le mont Palatin, dans laquelle on croyait à Rome qu'une louve avait allaité Rémus et Romulus.

PALÈS

D. Qu'était Palès ?

R. Palès était la déesse des bergers ; elle avait les troupeaux sous sa protection. Les Romains célébraient sa fête au mois d'avril. Les bergers lui offraient du lait, du vin cuit et du millet ; puis, allumant, à des distances égales, trois grands feux de paille, ils sautaient par-dessus ; et le plus agile remportait le prix, qui ordinairement était une jeune chèvre ou un agneau.

> Que j'aime à revoler vers ces fêtes champê-
> tres
>
> Où Rome célébrait les dieux de ses ancê-
> tres,
>
> La déesse des blés et le dieu des raisins,
>
> Les nymphes des forêts, les faunes, les syl-
> vains,
>
> Toi, sur-tout, toi, Palès, déité pastorale !
>
> A peine blanchissait la rive orientale,
>
> Le berger, secouant un humide rameau,
>
> D'une onde salutaire arrosait son troupeau :
>
> O Palès ! disait-il, reçois nos sacrifices,
>
> Protège mes brebis, protège mes génisses
>
> Contre la faim cruelle et le loup inhumain,
>
> Que je trouve le soir le nombre du malin ;
>
> Qu'autour de mon bercail, exacte sentinelle,
>
> Sans cesse en haletant rôde mon chien fidè-
> le ;
>
> Que mon troupeau connaisse et ma flûte et
> ma voix ;

Que le lait le plus pur écume entre mes doigts ;

Rends mon bélier ardent, rends mes chèvres fécondes ;

Puissent de frais gazons, puissent de claires ondes

Dans un riant pacage arrêter mes brebis ;

Que leur fine toison compose mes habits ;

Et quand le fuseau tourne entre leurs mains légères,

Ne blesse pas les doigts de nos jeunes bergères.

(Delille.)

FLORE.

D. Qu'était Flore ?

R. Flore était la déesse des fleurs et du printemps ; elle épousa Zéphire. Les jeux que l'on célébrait en son honneur s'appelaient les *jeux floraux*. On la représente ornée de guirlandes et couronnée de fleurs.

Muse ! décris tes plus chères amours !

Contemple ici les feuilles de velours

Dont se revêt la modeste auricule !

Vois s'enflammer la pleine renoncule,

Et l'anémone arrondir ses atours !

Vois la tulipe, autour de son calice

De ses couleurs déployer le caprice,

Et l'hyacinthe, à son pâle incarnat

Associer sa blancheur précieuse ;

Et le narcisse, épris de son éclat,

Pencher encor sur l'onde fabuleuse :

Vois la jonquille et l'œillet moucheté,

La rose enfin que Damas nous envoie,

Jusqu'aux bluets qui couronnent l'été :

Tout porte aux sens la surprise et la joie !

Que de beauté ! quelle profusion !

De toutes parts Flore étend son empire,

De la colline elle court au vallon,

Et son haleine embaume le zéphyre.

Qui n'aimerait ces touffes de lilas,

Dont le panache émaille la verdure !
Charmante fleur, dont l'agreste parure
De la bergère embellit les appas !
Qui ne perdrait sous leur voûte chérie,
Le souvenir des peines de la vie !
On s'assoupit dans des songes dorés,
Au petit bruit des sources murmurantes,
Des vents émus dans les airs tempérés,
Et des essaims d'abeilles bourdonnantes,
Qui, suspendus en grappes éclatantes,
Sucent des fleurs les esprits éthérés.
(Léonard.)

POMONE

D. A quoi préside Pomone ?

R. Pomone préside aux fruits et aux vergers. Elle était l'épouse de Vertumne, dieu de l'automne. On la représente une serpette à la main une couronne de fruits sur la tête, avec une corne d'abondance.

Quels parfums remplissent les airs ?

Où porter mes regards avides ?

Des tapis plus frais et plus verts

Renaissent dans nos champs arides :

La Nature efface ses rides,

Touts ses trésors nous sont ouverts,

Et le jardin des Hespérides

Est l'image de l'univers.

C'en est fait, la Vierge céleste,

En découvrant son front vermeil,

Adoucit d'un regard modeste

L'ardeur brûlante du soleil.

Redoutable fils de Latone,

Tu cesses de blesser nos yeux :

Vertumne ramène Pomone,

Et mille fruits délicieux

Brillent sur le sein de l'Automne.

O sœur aimable du Printemps !

Tu viens acquitter ses promesses,

Si tes biens sont moins éclatants,

Tu n'as point de fausses richesses.

Pomone, avant que de périr,

Semble redoubler ses caresses ;

Les arbres chargés de richesses

Se courbent pour vous les offrir.

Lasse de ramper sur nos treilles,

La vigne élève ses rameaux,

Et suspend ses grappes vermeilles

Au front superbe des ormeaux.

L'Amour, que l'Automne rappelle,

Descend du ciel dans nos vergers,

Et vient offrir à la plus belle

Les pommes d'or des orangers.

Accourez, Naïades timides,

Le fruit, sur la terre tombé

Brille, s'élève en pyramides,

Et remplit le trésor d'Hébé.

Nymphes, enlevez vos corbeilles,

Allez offrir au dieu des eaux.

La pourpre qui couvre nos treilles,

L'ambre qui pare nos coteaux.

Un second printemps vient d'éclore,

Le ciel répand des rayons d'or,

L'amaranthe et le tricolor.

Rappellent le règne de Flore,

Et la campagne brille encor

Des douces couleurs de l'Aurore.

(Bernis.)

FAUNE.

D. Qu'est-ce que la fable nous apprend de Faune ?

R. Faune, roi d'Italie, était fils de Picus ou de Mars, et petit-fils de Saturne. Il fut mis au nombre des dieux champêtres, parce qu'il introduisit dans ses états les travaux de l'agriculture.

SYLVAIN.

D. A quoi présidait Sylvain ?

R. Sylvain présidait aux forêts. On le représente tenant un cyprès à la main. On le confond souvent avec le dieu Pan et avec le dieu Faune. C'est de son nom qu'on appela *Sylvains*, les dieux champêtres qui paraissent être les mêmes que les Faunes.

SATYRES.

D. Que raconte-t-on des Satyres ?

R. Les *Satyres* étaient des divinités champêtres, qu'on représentait comme de petits hommes fort velus, avec des cornes et des oreilles de chèvre, la queue, les cuisses et les jambes du même animal. On prétend qu'ils poursuivaient les bergères, et leur inspiraient de grandes frayeurs.

PRIAPE.

D. Qu'était Priape ?

R. Priape était le dieu des jardins. On croyait que c'était lui qui les gardait et qui les faisait fructifier. Aussi les Romains plaçaient sa statue dans les jardins, soit d'utilité, soit d'agrément.

> Touts les ans, d'un lait pur une coupe t'est due,
>
> Priape, c'est assez pour un dieu tel que toi ;
>
> Si mon troupeau s'accroît, j'ornerai ta statue,
>
> Et dans touts nos jardins nous chérirons ta loi.
>
> (Gresset.)

TERME

D. Qu'était Terme ?

R. Terme était le dieu protecteur des bornes que l'on met dans les champs, et le vengeur des usurpations. C'est un des plus anciens dieux des Romains ; ce fut Numa qui inventa cette divinité comme un frein plus capable que les lois d'arrêter la cupidité. Il n'y avait rien de plus sacré que les limites des champs. Ceux qui avaient l'audace de les changer, étaient dévoués aux Furies, et il était permis de les tuer. Le maître d'un champ parle ainsi au dieu Terme :

> Terme, qui que tu sois, ou de bois ou de pierre,
>
> Tu n'es pas moins un dieu que le dieu du tonnerre ;
>
> Garde que mon voisin ne me dérobe rien ;
>
> Mais, dans ton poste inébranlable,
>
> Si son avide soc empiétait sur mon bien,
>
> Crie aussitôt comme un beau diable :
>
> Alte-là, mon voisin, voisin insatiable,
>
> C'est là ton champ, et c'est ici le mien.
>
> (Ovide, trad. libre.)

ECHO.

D. Racontez les malheurs de la nymphe Echo.

R. Echo était fille de l'Air et de la Terre. Junon, piquée de ce que cette nymphe l'avait amusée par des discours adroits, et l'avait ainsi empêchée de surprendre Jupiter qui était avec une de ses maîtresses, la condamna à ne plus répéter que les dernières syllabes de tout ce qu'elle entendrait dire. Echo devint amoureuse du beau Narcisse, fils de la nymphe Lyriope et du fleuve Céphise. Mais Narcisse la méprisa. Echo, consumée de douleur, se dessécha peu à peu, et ne conserva que les os et la voix. Elle fut changée en rocher,

D. Comment Narcisse fut-il puni de son indifférence ?

R. Les compagnes de la nymphe Echo prièrent l'Amour de venger leur sœur, des mépris de Narcisse. L'Amour les exauça. Il conduisit Narcisse au bord d'une fontaine. Le jeune homme s'y vit ; et, épris de sa propre figure, il ne voulut plus quitter ces eaux. Il y resta toujours occupé à se regarder, et s'y laissa mourir. Le devin Tirésias avait prédit à ses parents, qu'il vivrait tant qu'il ne se verrait point. Narcisse fut changé en une fleur qui porte son nom.

DIVINITÉS DOMESTIQUES.

Lares, Pénates.

D. Quels sont les principaux dieux domestiques ?

R. Ce sont les *Lares* et les *Pénates*.

Les Lares sont les dieux des maisons particulières. Les Pénates sont les dieux des villes, des pays. On confond souvent les Pénates avec les Lares. Les Lares étaient placés dans l'intérieur des maisons, derrière la porte ou bien autour des foyers. Le culte de ces dieux est venu de ce que l'on enterrait autrefois les morts dans les maisons. Les anciens crurent que les âmes de leurs parents y demeuraient aussi, et ils les regardaient comme des génies secourables et propices.

Enée, prince Troyen, est célèbre par sa piété envers les dieux, et sur-tout pour avoir sauvé de l'incendie de Troie les Pénates de cette ville.

DE QUELQUES AUTRES DIVINITÉS DU SECOND ORDRE.

Comus.

D. Quel était l'emploi de Comus ?

R. Comus était le dieu des festins, et présidait à la toilette et aux fêtes. On le représente en jeune homme gras et frais, un bonnet de fleurs sur la tête, un vase d'une main et un bassin de l'autre.

MOMUS.

D. A quoi présidait Momus ?

R. Momus, fils du Sommeil et de la Nuit, était le dieu de la raillerie et du badinage. Rien ne trouvait grâce à ses yeux, et les dieux mêmes étaient l'objet de ses plus sanglantes railleries. Neptune avait fait un taureau, Vulcain un homme, et Minerve une maison. Momus reprocha à Neptune de n'avoir point placé les cornes du taureau devant les yeux de cet animal, pour qu'il frappât plus sûrement. Il aurait voulu que l'homme de Vulcain eût une petite fenêtre au cœur, pour qu'on pût connaitre ses plus secrètes pensées. Enfin, la maison de Minerve lui paraissait mal entendue, parce qu'elle était trop massive, pour être transportée lorsqu'on avait un mauvais voisin. L'humeur satirique de Momus le fit chasser du ciel : on le représente démasquant un visage ; et tenant à la main une marotte, symbole de folie.

Morphée, Songes.

D. Qu'était Morphée ?

R. *Morphée*, le premier des Songes, est regardé comme le ministre du Sommeil, son père. Quelques-uns le prennent pour le dieu même du sommeil. On le représente avec des ailes de papillon, pour exprimer sa légèreté ; il tient à la main une plante de pavots, dont touche ceux qu'il veut endormir.

D. Qu'est-ce que les Songes ?

R. Les *Songes* sont aussi enfants du Sommeil. Les poètes ont imaginé que les songes *vrais* passaient par une porte de corne, et annonçaient des biens ou des maux réels que les songes *faux* passaient par une porte d'ivoire, et n'étaient que de pures illusions, de vains fantômes de l'imagination. On les représentait avec de grandes ailes de chauve-souris toutes noires.

> Mais sur l'homme assoupi Morphée est descendu ;
>
> Sa paupière est fermée, et son corps étendu.
>
> Qui remplira le vide où le sommeil le plonge ?
>
> Les Souvenirs portés sur les ailes d'un songe.
>
> Dans ces tableaux trompeurs, par eux seuls animés,
>
> Il reprend ses travaux, ses jeux accoutumés.
>
> Le berger endormi tient encor sa houlette,
>
> Le poète son luth, le peintre sa palette ;
>
> L'ami des champs croit voir les prés et les vallons,
>
> Et d'un pied fantastique il foule les gazons ;

Le chasseur presse et frappe un cerf imaginaire,

Le guerrier d'un vain bronze affronte le tonnerre.

(Legouvé.)

HARPOCRATE.

D. Qu'était Harpocrate ?

R. Harpocrate, dieu Égyptien, fils d'Osiris et d'Isis, présidait au silence. Cette divinité allégorique est représentée sous la figure d'un homme ou d'une femme qui tient un doigt sur la bouche.

Thémis et la Fortune.

D. Quelle est la déesse de la justice ?

R. C'est *Thémis*, fille du Ciel et de la Terre. On la représente ordinairement avec une balance à la main et un bandeau sur les yeux. Quelques-uns la représentent tenant une épée à la main.

> Je vois une auguste déesse,
>
> De qui la droite vengeresse
>
> Fait briller un glaive tranchant.
>
> Dans sa gauche est une balance,
>
> Que ni fraude ni violence
>
> Ne forcent au moindre penchant.
>
> C'est Thémis, oui, c'est elle-même :
>
> Orné de l'éclat le plus beau,
>
> Son front porte ce diadème
>
> Que Tireur prend pour un bandeau.
>
> (La Motte.)

D. Qu'était Astrée ?

R. Astrée, fille de Jupiter et de Thémis, est regardée comme la *justice*, et souvent confondue avec sa mère. Elle descendit du ciel, dans l'âge d'or, pour habiter la terre. Mais les crimes des hommes la formèrent de quitter successivement les villes, puis les campagnes. Elle retourna au ciel, où les poètes disent qu'elle forma le signe de la *Vierge* dans le zodiaque.

La Renommée.

D. Quelles sont les fonctions de la Renommée ?

R. La *Renommée* était la messagère de Jupiter. Les poètes la dépeignent comme une déesse énorme, qui a cent oreilles et cent bouches. On la représente avec des ailes au dos, et une trompette à la main.

> Déjà la Renommée, en traversant les airs,
>
> En a semé le bruit chez cent peuples divers.
>
> Faible dans sa naissance, et timide à sa source,
>
> Ce monstre s'enhardit, et s'accroît dans sa course.
>
> La Terre l'enfanta, pour se venger des cieux ;
>
> Elle aime à publier les faiblesses des dieux :
>
> Digne sœur des géants qu'écrasa leur tonnerre,
>
> Son front est dans l'Olympe, et ses pieds sur la terre ;
>
> Rien ne peut égaler son bruit tumultueux,
>
> Rien ne peut devancer son vol impétueux :
>
> Pour voir, pour écouter, pour semer les merveilles,
>
> Ce monstre ouvre à la fois d'innombrables oreilles,
>
> Par d'innombrables yeux surveille l'univers,
>
> Et par autant de voix fait retentir les airs.
>
> La nuit, d'un vol bruyant, fendant l'espace sombre,

Il observe le crime enseveli dans l'ombre ;

Le jour, il veille assis sur les palais des rois ;

Et, de là répandant son effrayante voix,

A l'univers surpris incessamment raconte

La vérité, l'erreur, et la gloire, et la honte.

(Virgile, trad. de M. Delille.)

Entre le ciel, la terre, et l'empire des ondes,

S'élève un vieux palais aux confins des trois
mondes.

Là, sur touts les pays l'œil se porte à la fois ;

Là, de touts les humains l'oreille entend la
voix.

Au sommet d'une tour qui n'est jamais fer-
mée,

C'est là que nuit et jour veille la Renommée.

On y voit en tout temps cent portiques ouverts,

Échos de touts les bruits qui courent l'univers.

Ce palais merveilleux, bâti d'airain sonore,

Rend le son, le répète, et le répète encore.

La voix roule à travers cent tortueux détours ;

Ce ne sont point des cris, mais des murmu-
res sourds,

Pareils au bruit lointain de la mer mugis-
sante,

Pareils aux roulements de la foudre mourante.

Un peuple curieux en assiège les murs.

Il vient, il va, revient ; et cent récits obscurs,

Amas tumultueux de confuses paroles,

Mêlent aux vérités des mensonges frivoles.

L'un dit, l'autre redit ; la rumeur en son cours

Grossit de bouche en bouche, et le faux croît toujours.

La crédulité vaine, et l'erreur téméraire,

Les paniques terreurs, la joie imaginaire,

La sédition sourde, et les bruits clandestins,

Enfants toujours douteux de rapports incertains,

Entourent la déesse en nouveautés féconde ;

Et ses yeux sont ouverts sur touts les coins du monde.

(Ovide, trad. de Saintange.)

Quelle est cette déesse énorme,

Ou plutôt ce monstre difforme,

Tout couvert d'oreilles et d'yeux,

Dont la voix ressemble au tonnerre,

Et qui des pieds touchant la terre,

Cache sa tête dans les cieux ?

C'est l'inconstante Renommée,

Qui, sans cessé les yeux ouverts,

Fait sa revue accoutumée

Dans touts les coins de l'univers :

Toujours vaine, toujours errante,

Et messagère indifférente

Des vérités et de l'erreur,

Sa voix en merveilles féconde,

Va chez touts les peuples du monde ;

Semer le bruit et la terreur.

(Rousseau.)

LA FORTUNE.

D. Qu'était la Fortune ?

R. La *Fortune* était une déesse qui présidait à touts les événements, et distribuait les biens et les maux suivant son caprice.
Les poètes la dépeignent chauve, aveugle, toujours debout, avec
des ailes aux deux pieds, l'un légèrement appuyé sur une roue
qui tourne sans cesse, et l'autre élancé en l'air. Le plus célèbre
de ses temples était à Antium.

> Pourquoi d'une plainte importune
>
> Fatiguer vainement les airs ?
>
> Aux jeux de l'aveugle Fortune
>
> Tout est soumis dans l'univers.
>
> Ainsi de douceurs en supplices
>
> Elle nous promène à son gré.
>
> Le seul remède à ses caprices,
>
> C'est de s'y tenir préparé.
>
> (Rousseau.)

Némésis ou Adrastée.

D. A quoi présidait Némésis ?

R. Némésis, que quelques-uns nomment aussi *Adrastée*, était la déesse de la vengeance. Elle châtiait ceux qui abusaient des faveurs de la fortune. On la représente avec des ailes, armée de serpents et de torches ardentes, et une couronne sur la tête.

> Némésis vous observe, et frémit des blas-
> phèmes
>
> Dont rougit à vos yeux l'aimable vérité.
>
> N'attirez point sur vous, trop épris de vous-
> mêmes,
>
> Sa terrible équité.
>
> C'est elle dont les yeux certains, inévitables,
>
> Percent touts les replis de nos cœurs insen-
> sés ;
>
> El nous lui répondons des éloges coupables
>
> Qui nous sont adressés.
>
> (Rousseau.)

L'Envie.

D. Comment l'Envie est-elle représentée ?

R. L'Envie, fille de la Nuit, est représentée sous les traits d'un vieux spectre féminin, ayant la tête ceinte de couleuvres, les yeux louches et enfoncés, un teint livide, une horrible maigreur, des serpents dans les mains, et un autre qui lui ronge le sein.

> Sur son front pâle et sombre habite le chagrin :
>
> Une affreuse maigreur a desséché son sein.
>
> Le fiel rouille ses dents ; son œil est faux et louche ;
>
> Le venin de son cœur distille de sa bouche.
>
> Triste de noire joie, elle ne rit jamais
>
> Que des maux qu'elle a vus, ou de ceux qu'elle a faits ;
>
> Et la nuit et le jour un soin rongeur l'éveille.
>
> Le bruit de la louange afflige son oreille.
>
> Son supplice est de voir la gloire des talents :
>
> Elle sèche, et périt de leurs succès brillants,
>
> Veut leur nuire, et se nuit...
>
> (Ovide, trad. de Saintange.)

> Là, gît la sombre *Envie*, à l'œil timide et louche,
>
> Versant sur des lauriers les poisons de sa bouche ;

Le jour blesse ses yeux dans l'ombre étince-
lant ;

Triste amante des morts, elle hait les Vivants.

(Voltaire.)

LA DISCORDE.

D. Dites ce qu'était la Discorde ?

R. La *Discorde* était une divinité malfaisante à laquelle on attribuait les guerres et les querelles qui divisent les hommes. Jupiter l'exila du ciel, parce qu'elle ne cessait de brouiller les dieux. On lui donne une chevelure hérissée de serpents, et attachée avec des bandelettes sanglantes. Elle a la bouche écumante, les yeux abattus ; elle grince des dents, et distille de sa langue un venin infect. Elle tient à la main un poignard ou un flambeau.

D. Quel portrait Voltaire a-t-il fait de la Discorde ?

R. Il dépeint ainsi cette affreuse déesse :

> Ce monstre impérieux, sanguinaire, inflexible,
>
> De ses propres sujets est l'ennemi terrible :
>
> Aux malheurs des mortels il borne ses desseins.
>
> Le sang de son parti rougit souvent ses mains.
>
> Il habite en tyran dans les cœurs qu'il déchire,
>
> Et lui-même il punit les forfaits qu'il inspire.
>
> Son baleine en cent lieux répand l'aridité :
>
> Le fruit meurt en naissant de son germe infecté ;
>
> Les épis renversés sur la terre languissent :
>
> Le ciel s'en obscurcit, les astres en pâlissent ;

Et la foudre en éclats qui gronde sous ses pieds,

Semble annoncer la mort aux peuples effrayés.

BELLONE.

D. Qu'était Bellone ?

R. Bellone, déesse de la guerre, était sœur de Mars. C'était elle qui attelait les chevaux de ce dieu, lorsqu'il partait pour la guerre. Les poètes la dépeignent au milieu des combats, courant de rang en rang, les cheveux épars, le feu dans les yeux, et faisant retentir dans les airs son fouet ensanglanté : on lui donne aussi pour arme un fléau, ou une verge teinte de sang.

> Mars est impitoyable, et l'horrible Bellone
>
> En l'ardeur des combats ne respecte personne ;
>
> Tout, sans distinction, sous ses coups elle abat,
>
> Et n'épargne pas plus le chef que le soldat.
>
> (Gilbert.)

TROISIÈME PARTIE.

DES DEMI-DIEUX.

PERSÉE.

Demande. Racontez la naissance de Persée.

Réponse. *Persée* était fils de Jupiter et de Danaé. Acrisius, roi d'Argos, avait appris de l'oracle, qu'il périrait de la main d'un fils que Danaé, sa fille, mettrait au monde. Pour prévenir ce malheur, il enferma la princesse dans une tour d'airain, et lui donna des gardes, afin qu'aucun homme ne pût en approcher. Mais Jupiter, changé en pluie d'or, pénétra dans la tour, c'est-à-dire, qu'il corrompit les gardes en leur présentant de l'or. Persée fut le fruit de cette entrevue clandestine.

D. Comment Persée fut-il élevé ?

R. Acrise ordonna que cet enfant fût exposé à la merci des flots avec sa mère dans une méchante barque. La nacelle fut jetée sur les côtes de la petite île de Sériphe, l'une des Cyclades. Polydecte, roi de cette île, reçut favorablement Persée, et prit soin de son éducation. Mais, dans la suite, Polydecte étant devenu amoureux de Danaé, chercha à éloigner son fils. Dans cette vue, il lui ordonna de combattre les Gorgones, et de lui apporter la tête de Méduse.

D. Faites-nous connaitre les Gorgones.

R. Les *Gorgones* étaient trois sœurs, filles de Phorcus, dieu marin, et de Céto. Elles s'appelaient *Méduse, Euryale* et *Sthénée*. Elles n'avaient à elles trois qu'un œil et une dent dont elles se servaient tour à tour. Mais c'était une dent plus longue que les défenses des plus forts sangliers. Leurs mains étaient d'airain, et leurs cheveux hérissés de serpents. De leurs seuls regards elles pétrifiaient les hommes. Persée, favorisé des dieux, obtint, pour cette expédition, le bouclier de Minerve, le casque de Pluton, les ailes et les talonnières de Mercure. Il vainquit les Gorgones, et coupa la tête de Méduse. Il porta depuis cette tête avec lui dans toutes ses entreprises, et s'en servit pour pétrifier ses ennemis. Du sang de Méduse naquit, dit-on, le cheval Pégase.

D. Contre qui Persée essaya-t-il d'abord le pouvoir de la tête de Méduse ?

R. Ce fut contre *Atlas*, roi de Mauritanie. Ce prince avait appris d'un oracle de Thémis, qu'un fils de Jupiter devait lui ravir des pommes d'or qu'il faisait garder par un dragon. Il refusa l'hospitalité à Persée qui, pour s'en venger, lui montra la tête de Méduse, et le changea en montagne. Les poètes ont feint qu'Atlas soutient le ciel sur ses épaules, soit parce que le mont Atlas est fort élevé, soit parce qu'il avait existé un célèbre astronome de ce nom. Ovide raconte ainsi la métamorphose d'Atlas :

> A cet aspect hideux, d'horreur inanimé,
>
> En un mont sourcilleux Atlas est transformé :
>
> Se taille s'agrandit, son front sombre et terrible
>
> Est la cime d'un roc neigeux, inaccessible.
>
> Sa barbe et ses cheveux se changent, en forêts ;
>
> Ses épaules, ses flancs, en coteaux, en sommets ;
>
> Ses vastes ossements se durcissent en pierre ;
>
> Ses pieds sont des rochers affermis sur la terre ;
>
> Sa hauteur est immense, et, par l'ordre des dieux,
>
> Ce colosse à jamais porte le poids des cieux.
>
> (Trad. de Saintange.)

D. Quel usage Persée fit-il encore de la tête de Méduse ?

R. Andromède, fille de Céphée roi d'Éthiopie, et de Cassiopée, avait été exposée sur un rocher, pour être dévorée par un monstre marin. Persée, monté sur Pégase, vint la délivrer, et pétrifia le monstre en lui présentant la tête fatale. Céphée donna sa fille pour épouse à Persée. Mais Phinée, oncle de la princesse, voulut l'enlever à Persée. Celui-ci eut encore recours à la tête de Méduse, dont la vue pétrifia Phinée et ses compagnons. Persée consacra ensuite à Minerve la tête de Méduse, qui, depuis ce temps-là, fut gravée sur la redoutable égide de la déesse.

D. Comment fut accomplie la prédiction qui avait été faite à Acrise, qu'un jour son petit-fils lui ravirait la couronne et la vie ?

R. Persée, voulant un jour faire preuve de son adresse au jeu de palet, atteignit Acrise, et l'étendit mort sur la place. Il eut tant de chagrin de cet accident, qu'il se condamna à l'exil. Jupiter le plaça dans le ciel, parmi les constellations septentrionales, avec Andromède son épouse, Cassiopée et Céphée.

HERCULE.

Hercule et Esculape.

D. Quel a été le plus célèbre des héros de l'antiquité ?

R. C'est *Hercule*, fils de Jupiter et d'Alcmène femme d'Amphitrion roi de Thèbes. Jupiter vint se présenter à Alcmène, sous les traits d'Amphitrion, pendant que celui-ci était occupé à la guerre. Alcmène, déjà enceinte, mit au monde deux jumeaux, dont l'un nommé *Eurysthée* fut fils d'Amphitrion, et l'autre appelé *Hercule* y eut pour père Jupiter.

D. Quelles persécutions Junon fit-elle éprouver à Hercule ?

R. La reine des dieux épuisa touts les efforts de sa fureur jalouse contre ce fils de Jupiter. D'abord, elle fit naître Eurysthée avant lui afin qu'en sa qualité d'aîné, il eût le droit de commander à son frère. Elle envoya ensuite deux serpents horribles, pour le dévorer dans son berceau. Hercule saisit ces monstres et les mit en pièces. La déesse, se radoucit alors, à la prière de Pallas, et consentit même à donner de son lait à l'enfant, pour le rendre immortel. Hercule aspira si fortement le lait de Junon, qu'il en rejaillit une grande quantité, d'où se forma dans le ciel cet amas prodigieux d'étoiles qui font une longue trace du nord au sud, et qu'on appelle la *voie Lactée*.

D. Quel choix important Hercule eut-il à faire, lorsqu'il fut devenu grand ?

R. Hercule s'était retiré dans un lieu à l'écart, pour penser à quel genre de vie il se donnerait. Alors deux femmes de grande stature lui apparurent. L'une, fort belle, était la *Vertu* : elle avait un visage majestueux et plein de dignité, la pudeur dans les yeux, la modestie dans touts ses gestes, et la robe blanche. L'autre, qu'on appelle la *Mollesse* ou la *Volupté* y avait beaucoup d'embonpoint, et une couleur plus relevée : ses regards libres et ses habits magnifiques la faisaient connaitre pour la déesse du plaisir. Chacune des deux tâcha de le gagner par ses promesses. Hercule se décida à suivre le parti de la vertu.

D. Que fit Hercule après avoir embrassé de son propre choix un genre de vie dur et laborieux ?

R. Il alla se présenter à Eurysthée, sous les ordres duquel il devait entreprendre ses combats et ses travaux, par le sort de sa naissance. Eurysthée, excité par Junon, lui commanda les choses les plus dures et les plus difficiles : c'est ce qu'on appelle les *douze travaux d'Hercule.*

1°. Un lion d'une taille énorme était dans la forêt de Némée, et dévastait le pays. Hercule attaqua ce monstre, l'obligea d'entrer dans une caverne d'où il ne pouvait s'échapper, et l'étrangla. Le héros, depuis ce temps, porta toujours la peau de ce lion comme un monument de sa première victoire.

2°. Une hydre épouvantable faisait un ravage affreux dans les campagnes des environs du marais de Lerne, près d'Argos. Ce monstre avait sept têtes, et quand on en coupait une, il en revenait plusieurs autres à la place. Hercule les coupa toutes d'un seul coup. D'autres disent qu'il les brûla.

3°. Un sanglier terrible faisait sa demeure sur le mont Erymanthe, dans l'Arcadie, et ravageait touts les champs d'alentour. Hercule le prit, et l'apporta tout vivant à Eurysthée.

4°. Il y avait, sur le mont Ménale, en Arcadie, une biche qui avait des pieds d'airain et des cornes d'or. Hercule la poursuivit pendant un an, et l'atteignit, lorsqu'elle voulait traverser le fleuve Ladon. Il la chargea sur ses épaules, et l'apporta à Mycènes, où il l'offrit à Eurysthée.

5°. Des oiseaux monstrueux couvraient les bords du lac Stymphale, en Arcadie. Ils déchiraient les passants à coups de griffes. Hercule les extermina à coups de flèches.

6°. Les Amazones étaient un peuple de femmes guerrières qui habitaient sur les rives du fleuve Thermodon, en Thrace. Elles élevaient leurs filles dans l'exercice des armes ; elles estropiaient ou tuaient leurs enfants mâles. Eurysthée commanda à Hercule de lui apporter la ceinture d'Hippolyte, reine des Amazones. Le héros alla chercher ces guerrières, les défit, et enleva leur reine qu'il donna à Thésée pour prix de sa valeur.

7°. Hercule délivra la terre de deux tyrans fameux, Diomède et Busiris.

Diomède, roi de Thrace, fils de Mars et de Cyrène, avait des chevaux furieux, qui vomissaient le feu par la bouche. Il les nourrissait de chair humaine, et leur donnait à dévorer touts les étrangers qui avaient le malheur de tomber entre ses mains. Hercule, par ordre d'Eurysthée, se saisit de ces chevaux, et leur abandonna Diomède, qu'ils dévorèrent aussitôt.

Busiris, roi d'Espagne, et selon d'autres, roi d'Égypte, immolait à Jupiter touts les étrangers qui abordaient dans ses états. Il fut tué par Hercule auquel il préparait le même sort.

8°. *Gérion*, roi de la Bétique, était un géant à trois corps, qui avait, pour garder ses troupeaux, un chien à deux têtes, et un dragon qui en avait sept. Il nourrissait ses bœufs avec de la chair humaine. Hercule le tua et emmena les bœufs.

9°. *Augias*, roi de l'Elide et fils du Soleil, avait des étables qui contenaient trois mille bœufs, et qui n'avaient point été nettoyées depuis trente ans. Hercule détourna le fleuve Alphée, et le fit passer à travers les étables. Les ordures qui répandaient l'infection dans toute la Grèce, furent emportées par les eaux du fleuve.

10°. Un taureau qui soufflait des flammes par les narines, avait été envoyé par Neptune dans les états de Minos. Hercule se saisit de ce monstre, et le conduisit à son frère Eurysthée.

11°. Eurysthée commanda à Hercule de lui apporter les pommes d'or du jardin des Hespérides. Ces pommes étaient gardées par un dragon horrible qui avait cent têtes. Hercule tua le dragon, et enleva les pommes.

12°. Thésée était retenu aux Enfers, où il était descendu avec son ami Pirithoüs pour enlever Proserpine. Hercule enchaîna Cerbère et délivra Thésée.

D. Que fit Hercule après avoir terminé glorieusement ses douze travaux ?

R. Il parcourut l'univers pour le purger des monstres et des tyrans, et pour soulager les malheureux.

Aux coupables mortels Alcide fait la guerre,

Dans le sein des tyrans il porte le trépas ;

Et pour en délivrer la terre,

Le foudre est moins fort que son bras.

(La Motte.)

D. Pourquoi Cacus fut-il mis à mort par Hercule ?

R. Cacus, fils de Vulcain, demi-homme et demi-satyre, avait une taille colossale. Il vomissait des tourbillons de flammes et de fumée. Il habitait une caverne au pied du mont Aventin. Il déroba des bœufs à Hercule, et, pour n'être point trahi par les traces de leurs pas, il les traîna dans son antre, à reculons, en les tirant par la queue. Mais ces bœufs poussèrent des mugissements, lorsque le reste du troupeau passa. Hercule enfonça la porte de la caverne, et assomma le brigand.

D. Achevez le récit des faits mémorables d'Hercule.

R. Il rompit les chaînes qui tenaient Prométhée attaché sur le mont Caucase. Il défit le géant Antée, fils de Neptune et de la Terre. Ce géant massacrait touts les passants, pour accomplir le vœu qu'il avait fait, de bâtir un temple à son père, avec des crânes d'hommes. Hercule le terrassa trois fois, mais en vain : car la Terre, sa mère, lui rendait des forces nouvelles, chaque fois qu'il la touchait. Le héros, s'en étant aperçu, le souleva en l'air, et l'étouffa dans ses bras. Enfin, Hercule forma le détroit de Gibraltar, en séparant deux montagnes qui se joignaient, appelée *Calpé*, du côté de l'Espagne, et l'autre *Abyla*, du côté de l'Afrique. Il introduisit ainsi les eaux de l'Océan dans la Méditerranée. Ces montagnes furent nommées *les colonnes d'Hercule*. Il y grava cette inscription ; *On ne peut aller au-delà.*

D. La gloire d'Hercule adoucit-elle la haine de Junon ?

R. Elle ne fit au contraire que redoubler les emportements de cette déesse toujours transportée de jalousie. Junon inspira à ce héros un tel excès de fureur, qu'il tua sa femme Mégare et les enfants qu'il en avait eus. Lorsqu'il fut revenu de sa fureur, il se serait tué lui-même de désespoir, si ses amis ne l'eussent retenu.

D. Par quelle faiblesse Hercule ternit-il l'éclat de sa gloire ?

R. Junon, voyant qu'Hercule sortait victorieux des entreprises les plus périlleuses, eut recours à l'Amour, et le pria de blesser le héros de ses flèches. Cupidon servit à souhait les vues de la déesse. Bientôt on vit Hercule couvert d'un habit de femme, filer aux pieds d'Omphale, reine de Lydie. Il conçut ensuite une violente passion pour Déjanire, que le fleuve Achéloüs devait épouser. Hercule vainquit Achéloüs et emmena Déjanire. Il se trouva arrêté dans sa route par le fleuve Évène, dont les eaux étaient extrêmement grossies. Le centaure Nessus vint s'offrir de lui-même pour passer Déjanire sur son dos. Hercule y consentit ; mais s'étant aperçu que le centaure voulait lui enlever la princesse, il le tua à coups de flèches. Nessus, avant que d'expirer songea à se venger ; il donna à Déjanire une robe teinte de son sang, et lui fît accroire que si Hercule mettait une fois cette robe, il n'aimerait jamais d'autre femme qu'elle.

D. Déjanire fit-elle usage du présent de Nessus ?

R. Oui. Ayant su qu'Hercule était retenu en Eubée par les charmes d'Iole, fille d'Euryte, elle envoya à son époux la tunique de Nessus, par un jeune esclave appelé Lichas. Hercule reçut avec joie ce fatal présent ; mais il n'en fut pas plutôt revêtu, qu'il se sentit dévorer par un feu intérieur : le sang de Nessus dans lequel la tunique avait été trempée, était un poison très-violent. Le héros éprouva bientôt des douleurs affreuses. Dans sa fureur, il saisit Lichas et le lança dans la mer, où il fut changé en rocher. Pour terminer son supplice, Hercule coupa des arbres sur le mont Œta, en fit un bûcher sur lequel il se plaça, et pria son ami Philoctète d'y mettre le feu. Il donna à cet ami ses flèches teintés du sang de l'hydre de Lerne, sans lesquelles la ville de Troie ne pouvait être prise, d'après l'arrêt du Destin. Quand Déjanire eut appris la mort d'Hercule, elle en conçut tant de regret, qu'elle se tua elle-même.

D. Quels honneurs rendit-on à Hercule après sa mort ?

R. Philoctète recueillit les cendres de son ami, et les plaça dans une urne. Hercule fut reçu dans le ciel, où il épousa Hébé, déesse de la jeunesse. On le représente couvert de la peau d'un lion, et armé d'une massue. Les poètes l'appellent souvent Alcide ; c'est le premier nom qu'il porta. Il ne fut appelé Hercule qu'après la victoire qu'il remporta dans son berceau sur les deux serpents envoyés par Junon.

Castor et Pollux.

D. De qui Castor et Pollux étaient-ils fils ?

R. Ils eurent touts deux Léda pour mère ; mais Jupiter fut père de Pollux ; et Tyndare, roi d'Oébalie, mari de Léda, fut père de Castor. Léda eut aussi deux filles : l'une, née de Jupiter, fut la fameuse Hélène, qui causa la ruine de Troie ; et l'autre, née de Tyndare, fut Clytemnestre qui épousa Agamemnon. Castor et Pollux sont communément désignés par les poètes sous le nom de *Tyndarides*.

D. Par où Castor et Pollux se firent-ils particulièrement connaitre ?

R. Ils se firent connaitre sur-tout par la tendre amitié qu'ils eurent l'un pour l'autre. Leur premier exploit fut de purger l'Archipel des pirates qui l'infestaient, ce qui les fit mettre au rang des dieux marins, et, par la suite, invoquer dans les tempêtes. Ils suivirent Jason dans la Colchide, et eurent beaucoup de part à la conquête de la toison d'or. De retour dans leur patrie, ils reprirent leur sœur Hélène qui avait été enlevée par Thésée. Castor fut tué ensuite dans un combat singulier, près du mont Taygète. Pollux vengea son frère, et fut tellement affligé de sa mort, qu'il conjura son père Jupiter de lui permettre de partager son immortalité avec Castor. Jupiter y consentit, et ordonna que les deux frères vivraient et mourraient alternativement ; enfin, ils furent placés dans le ciel, et forment le signe des *gémeaux* : des deux étoiles qui composent ce signe, l'une est toujours cachée sous l'horizon, lorsque l'autre parait.

Pollux, seul, parle ainsi :

Présent des dieux, doux charme des humains,

O divine amitié ! viens pénétrer nos âmes,

Les cœurs éclairés de tes flammes,

Avec des plaisirs purs n'ont que des jours sereins.

C'est dans tes nœuds charmants que tout est jouissance :

Le temps ajoute encore un lustre à ta beauté.

L'amour te laisse la constance ;

Et tu serais la volupté,

Si l'homme avait son innocence.

Le même, à Jupiter.

Ma voix, puissant Maître du monde,

S'élève, en tremblant, jusqu'à toi.

D'un seul de tes regards dissipe mon effroi,

Et calme ma douleur profonde.

O mon père ! écoute mes vœux.

L'immortalité qui m'enchaîne,

Pour ton fils désormais n'est qu'un supplice affreux.

Castor n'est plus, et ma vengeance est vaine,

Si ta voix souveraine

Ne lui rend des jours plus heureux.

O mon père ! écoute mes vœux…

Ah ! laisse-moi percer jusques aux sombres bords ;

J'ouvrirai sous mes pas les antres de la terre :

J'irai braver Pluton, j'irai chercher les morts,

A la lueur de ton tonnerre :

J'enchaînerai Cerbère ; et, plus digne des cieux,

Je reverrai Castor, et mon père et les dieux.

(Bernard.)

ESCULAPE.

D. De qui Esculape était-il fils ?

R. Esculape était fils d'Apollon et de la nymphe Coronis. Il passe pour l'inventeur et le dieu de la médecine. Il accompagna Hercule et Jason dans l'expédition de la Colchide. Il fut foudroyé par Jupiter, pour avoir ressuscité Hippolyte. Peu de temps après sa mort, il reçut les honneurs divins. Son culte fut établi d'abord à Épidaure, lieu de sa naissance ; de là il se répandit dans toute la Grèce. On l'honorait à Épidaure sous la figure d'un serpent. On lui immolait des poules et des coqs. Esculape eut aussi un temple célèbre dans la ville de Rome.

ORPHÉE, ARISTÉE.

D De qui Orphée était-il fils ?

R. Orphée était fils d'Apollon et de Clio. Il jouait divinement de la lyre. A ses harmonieux accords, on voyait les bêtes féroces s'adoucir, les arbres et les rochers se mouvoir, les fleuves suspendre leur cours. Orphée perdit sa femme *Eurydice*, le jour même de ses noces. Mortellement affligé de son infortune, il descendit aux enfers, et la redemanda à Pluton. Le dieu des enfers, touché des sons de sa lyre, lui rendit son épouse, à condition qu'il l'emmènerait derrière lui, et ne la regarderait qu'après être sorti du sombre empire. Orphée ne put contenir son impatience ; il tourna la tête pour voir si sa chère Eurydice le suivait ; aussitôt Eurydice disparut. Ce malheur le fit renoncer aux femmes. Les Bacchantes, irritées de son indifférence pour leur sexe, le mirent en pièces, et jetèrent sa tête dans l'Hèbre, fleuve de Thrace[7]. Orphée fut métamorphosé en cygne par son père. On le représente avec une lyre ou un luth à la main,

D. Faites-nous connaitre Aristée ?

R. Aristée était fils d'Apollon et de la nymphe Cyrène. Il aimait Eurydice qui, fuyant ses poursuites, le jour même de ses noces avec Orphée, fut piquée d'un serpent et mourut sur le champ. Les nymphes, pour venger leur compagne, tuèrent toutes les abeilles d'Aristée. Dans sa désolation, il implora le secours de sa mère. Cyrène, partageant la douleur de son fils, lui conseilla d'aller consulter Protée. Celui-ci révéla à Aristée la cause de son infortune, et lui ordonna d'apaiser les manes d'Eurydice, par des sacrifices expiatoires. Docile à ses conseils, Aristée immola quatre jeunes taureaux et autant de génisses. Il vit avec transport sortir des entrailles de ses victimes, une nuée d'abeilles qui le dédommagèrent de ses pertes... Il est particulièrement honoré des bergers.

....

Possesseur autrefois de nombreuses abeilles,

Aristée avait vu ce peuple infortuné

Par la contagion, par la faim moissonné :

Aussitôt, des beaux lieux que le Pénée [8] arrose,

Vers la source sacrée où le fleuve repose,

Il arrive ; il s'arrête, et, tout baigné de pleurs,

A sa mère en ces mots exhale ses douleurs :

Déesse de ces eaux, ô Cyrène ! ô ma mère !

Si je puis me vanter qu'Apollon est mon père,

Hélas ! du sang des dieux n'as-tu formé ton fils

Que pour l'abandonner aux destins ennemis ?

Ma mère, qu'as-tu fait de cet amour si tendre ?

Où sont donc ces honneurs où je devais prétendre ?

Hélas ! parmi les dieux j'espérais des autels,

Et je languis sans gloire au milieu des mortels !

Ce prix de tant de soins qui charmait ma misère,

Mes essaims ne sont plus ; et vous êtes ma mère !

Achevez ; de vos mains ravagez ces coteaux,

Embrasez mes moissons, immolez mes troupeaux ;

Dans ces jeunes forêts allez porter la flamme,

Puisque l'honneur d'un fils ne touche point votre âme.

Cyrène entend sa voix au fond de son séjour :

Près d'elle, en ce moment, les nymphes de sa cour

Filaient d'un doigt léger des laines verdoyantes ;

Leurs beaux cheveux tombaient en tresses ondoyantes.

Là, sont la jeune Opis aux yeux pleins de douceur,

Et Clio toujours fière, et Béroë sa sœur,

Toutes deux se vantant d'une illustre origine,

Étalant toutes deux l'or, la pourpre et l'hermine ;

Vous, Aréthuse, enfin, que l'on vit autrefois

Presser d'un pas léger les habitants des bois.

Pour charmer leur ennui, Clymène au milieu d'elles

Leur racontait des dieux les amours infidèlees.

Du malheureux berger la gémissante voix

Parvient jusqu'à sa mère une seconde fois.

Cyrène s'en émeut ; ses compagnes timides

Ont tressailli d'effroi dans leurs grottes humides.

Aréthuse, cherchant d'où partent ces sanglots,

Montre ses blonds cheveux sur la voûte des
flots.

O ma sœur ! tu sentais de trop justes alarmes ;

Ton fils, ton tendre fils, tout baigné de ses
larmes,

Parait au bord de l'eau, accablé de douleurs,

Et sa mère est, dit-il, insensible à ses pleurs.

Mon fils ! répond Cyrène en pâlissant de
crainte,

Qu'il vienne : et quel est donc le sujet de sa
plainte ?

Qu'on amène mon fils, qu'il paroisse à mes
yeux ;

Mon fils a droit d'entrer dans le palais des
dieux :

Fleuve, retire-toi. L'onde respectueuse,

A ces mots, suspendant sa course impétueuse,

S'ouvre, et, se repliant en deux monts de
cristal,

Le porte mollement au fond de son canal.

Le jeune dieu descend ; il s'étonne, il admire

Le palais de sa mère et son liquide empire ;

Il écoule le bruit des flots retentissants,

Contemple le berceau de cent fleuves nais-
sants,

Qui, sortant en grondant de leur grotte profonde,

Promènent en cent lieux leur course vagabonde.

De là partent le Phase[9] et le vaste Lycus[10],

Le père des moissons, le riche[11] Caïcus,

L'Énipée[12] orgueilleux d'orner la Thessalie,

Le Tibre[13] encor plus fier de baigner l'Italie,

L'Hypanis[14] se brisant sur des rochers affreux,

Et l'Anio[15] paisible, et l'Éridan[16] fougueux,

Qui, roulant à travers des campagnes fécondes,

Court dans les vastes mers ensevelir ses
ondes.

Mais enfin il arrive à ce brillant palais

Que les flots ont creusé dans un roc toujours
frais.

Sa mère en l'écoutant sourit, et le rassure ;

Les nymphes sur ses mains épanchent une
eau pure,

Offrent pour les sécher de fins tissus de lin ;

On fait fumer l'encens, on fait couler le vin.

Prends ce vase, ô mon fils ! afin qu'il nous
seconde,

Invoquons l'Océan, le vieux père du monde.

Et vous, reines des eaux, protectrices des
bois,

Entendez-moi, mes sœurs. Elle dit, et trois
fois

Le feu sacré reçut la liqueur pétillante ;

Trois fois jaillit dans l'air une flamme brillante.

Elle accepte l'augure, et poursuit en ces mots :

Protée, ô mon cher fils, peut seul finir tes maux.

C'est lui que nous voyons, sur ces mers qu'il habite

Atteler à son char les monstres d'Amphitrite.

Pallène[17] est sa patrie ; et, dans ce même jour,

Vers ces bords fortunés, il hâte son retour :

Les Nymphes, les Tritons, touts, jusqu'au vieux Nérée,

Respectent de ce dieu la science sacrée.

Ses regards pénétrants, son vaste souvenir,

Embrassent le présent, le passé, l'avenir ;

Précieuse laveur du dieu puissant des ondes,

Dont il pait les troupeaux dans les plaines profondes.

Par lui tu connaitras d'où naissent les revers.

Mais il faut qu'on l'y force en le chargeant de fers :

On a beau l'implorer ; son cœur sourd à la plainte,

Résiste à la prière, et cède à la contrainte.

Moi-même, quand Phébus, partageant l'horizon,

De ses feux dévorants jaunira le gazon,

A l'heure où les troupeaux goûtent le frais de l'ombre,

Je guiderai tes pas vers une grotte sombre

Où sommeille ce dieu sorti du sein des flots :

Là, tu le surprendras dans les bras du repos.

Mais à peine on l'attaque, il fuit, il prend la forme

D'un tigre furieux, d'un sanglier énorme ;

Serpent, il s'entrelace ; et lion, il rugit ;

C'est un feu qui pétille, un torrent qui mugit.

Mais plus il t'éblouit par mille formes vaines,

Plus il faut resserrer l'étreinte de ses chaînes,

Redoubler tes assauts, épuiser ses secrets,

Et forcer ton captif à reprendre ses traits.

Sur son fils, à ces mots, sa main officieuse

Répand d'un doux parfum l'essence précieuse :

Cette pure ambroisie embaume ses cheveux,

Rend son corps plus agile et ses bras plus nerveux.

Au sein des vastes mers s'avance un mont sauvage,

Où le flot mugissant, brisé par le rivage,

Se divise, et s'enfonce en un profond bassin

Qui reçoit les nochers dans son paisible sein.

Là, dans un antre obscur, se retirait Protée.

Cyrène le prévient, y conduit Aristée,

Le place loin du jour dans l'ombre de ces lieux,

Se couvre d'un nuage, et se dérobe aux
yeux.

Déjà le chien brûlant dont l'Inde est dévorée,

Vomissait touts ses feux sur la plaine alté-
rée ;

Déjà l'ardent midi, desséchant les ruisseaux,

Jusqu'au fond de leur lit avait pompé leurs
eaux :

Pour respirer le frais dans sa grotte profonde,

Protée en ce moment quittait le sein de l'onde :

Il marche, près de lui le peuple entier des
mers

Bondit, et fait au loin jaillir les flots amers :

Touts ces monstres épars s'endorment sur la
rive.

Alors, tel qu'un berger, quand la nuit sombre
arrive

Lorsque le loup s'irrite aux cris du tendre
agneau,

Le dieu, sur son rocher, compte au loin son
troupeau.

A peine il s'assoupit, que le fils de Cyrène

Accourt, pousse un grand cri, le saisit et
l'enchaîne.

Le vieillard de ses bras sort en feu dévorant ;

Il s'échappe en lion, il se roule en torrent.

Enfin, las d'opposer une défense vaine,

Il cède ; et, se montrant sous une forme humaine :

Jeune imprudent, dit-il, qui t'amène en ce lieu ?

Parle, que me veux-tu ? — Vous le savez, grand dieu ;

Oui, vous le savez trop, lui répond Aristée ;

Le livre des destins est ouvert à Protée :

L'ordre des immortels m'amène devant vous :

Daignez... — Le dieu, roulant des yeux pleins de courroux,

A peine de ses sens dompte la violence ;

Et, tout bouillant encor, rompt ainsi le silence :

Tremble, un dieu te poursuit : pour venger ses douleurs,

Orphée a sur ta tête attiré ces malheurs ;

Mais il n'a pas au crime égalé le supplice.

Un jour tu poursuivais sa fidèle Eurydice :

Eurydice fuyait, hélas ! et ne vit pas

Un serpent que les fleurs recélaient sous ses pas.

La mort ferma ses yeux, les nymphes ses compagnes,

De leurs cris douloureux remplirent les montagnes ;

Le Thrace belliqueux lui-même en soupira ;

Le Rhodope en gémit, et l'Hèbre en murmura.

Son époux s'enfonça dans un désert sauvage :

Là, seul, touchant sa lyre, et, charmant son veuvage,

Tendre épouse ! c'est toi qu'appelait son amour,

Toi qu'il pleurait la nuit, toi qu'il pleurait le jour.

C'est peu : malgré l'horreur de ses profondes voûtes,

Il franchit de l'enfer les formidables routes :

Et, perçant ces forêts où règne un morne effroi,

Il aborda des morts l'impitoyable roi,

Et la Parque inflexible, et les pâles Furies

Que les pleurs des humains n'ont jamais attendries :

Il chantait ; et, ravis jusqu'au fond des enfers,

Au bruit harmonieux de ses tendres concerts,

Les légers habitants de ces obscurs royaumes,

Des spectres pâlissants, de livides fantômes,

Accouraient, plus pressés que ces oiseaux nombreux

Qu'un orage soudain ou qu'un soir ténébreux

Rassemble par milliers dans les bocages sombres ;

Des mères, des héros, aujourd'hui vaines ombres,

Des vierges que l'hymen attendait aux autels,

Les fils mis au bûcher sous les yeux paternels,

Victimes que le Styx, dans ses prisons profondes,

Environne neuf fois des replis de ses ondes,

Et qu'un marais fangeux, bordé de noirs
roseaux,

Entoure tristement de ses dormantes eaux.

L'Enfer même s'émut : les fières Euménides

Cessèrent d'irriter leurs couleuvres livides ;

Ixion immobile écoutait ses accords ;

L'Hydre affreuse oublia d'épouvanter les
morts ;

Et Cerbère, abaissant ses têtes menaçantes,

Retint sa triple voix dans ses gueules béan-
tes.

Enfin il revenait, triomphant du trépas :

Sans voir sa tendre épouse, il précédait ses
pas ;

Proserpine, à ce prix, couronnait sa tendresse :

Soudain ce faible amant, dans un instant
d'ivresse,

Suivit imprudemment l'ardeur qui l'entraînait,

Bien digne de pardon, si l'enfer pardonnait.

Presque aux portes du jour, troublé, hors de
lui-même,

Il s'arrête, il se tourne… il revoit ce qu'il aime !

C'en est fait, un coup d'œil a détruit son
bonheur ;

Le barbare Pluton révoque sa faveur,

Et des enfers charmés de ressaisir leur proie,

Trois fois le gouffre avare en retentit de joie,

Eurydice s'écrie : ô destin rigoureux !

Hélas ! quel dieu cruel nous a perdus touts deux ?

Quelle fureur ! voilà qu'au ténébreux abyme

Le barbare Destin rappelle sa victime.

Adieu ; déjà je sens dans un nuage épais

Nager mes yeux éteints et fermés pour jamais.

Adieu, mon cher Orphée ; Eurydice expirante

En vain te cherche encor de sa main défaillante ;

L'horrible Mort, jetant son voile autour de moi,

M'entraîne loin du jour, hélas ! et loin de toi.

Elle dit, et soudain dans tes airs s'évapore.

Orphée en vain l'appelle, en vain la suit encore

Il n'embrasse qu'une ombre ; et l'horrible rocher

De ces bords désormais lui défend d'approcher.

Alors, deux fois privé d'une épouse si chère,

Où porter sa douleur ? où traîner sa misère ?

Par quels sons, par quels pleurs fléchir le dieu des morts ?

Déjà cette ombre froide arrive aux sombres bords.

Près du Strymon glacé, dans les antres de Thrace,

Durant sept mois entiers il pleura sa disgrâce :

Sa voix adoucissait les tigres des déserts,

Et les chênes émus s'inclinaient dans les airs.

Telle, sur un rameau, durant la nuit obscure,

Philomèle plaintive attendrit, la nature,

Accuse en gémissant l'oiseleur inhumain

Qui, glissant dans son nid une furtive main,

Ravit ces tendres fruits que l'amour fit éclore,

Et qu'un léger duvet ne couvrait pas encore.

Pour lui plus de plaisirs, plus d'hymen, plus d'amour.

Seul, parmi les horreurs d'un sauvage séjour,

Dans ces noires forêts du soleil ignorées,

Sur les sommets déserts des monts hyperborées,

Il pleurait Eurydice, et, plein de ses attraits,

Reprochait à Pluton ses perfides bienfaits.

En vain mille beautés s'efforçaient de lui plaire,

Il dédaigna leurs feux ; et leur main sanguinaire,

La nuit, à la faveur des mystères sacrés,

Dispersa dans les champs ses membres déchirés.

L'Hèbre roula sa tête encor toute sanglante :

Là, sa langue glacée et sa voix expirante,

Jusqu'au dernier soupir formant un faible son,

D'Eurydice en flottant murmurait le doux nom.

Eurydice ! ô douleur ! Touchés de son supplice,

Les échos répétaient : Eurydice ! Eurydice !

Le devin dans la mer se replonge à ces mots,

Et du gouffre écumant fait tournoyer les flots.

Cyrène de son fils vient calmer les alarmes :

Cher enfant, lui dit-elle, essuie enfin tes larmes ;

Tu connais ton destin. Eurydice autrefois

Accompagnait les chœurs des nymphes de ces bois :

Elles vengent sa mort ; toi, fléchis leur colère ;

On désarme aisément leur rigueur passagère :

Sur le riant Lycée où paissent tes troupeaux,

Va choisir à l'instant quatre jeunes taureaux ;

Choisis un nombre égal de génisses superbes

Qui des prés émaillés foulent en paix les herbes :

Pour les sacrifier élève quatre autels,

Et, les faisant tomber sous les couteaux mortels,

Laisse leurs corps sanglants dans la forêt profonde.

Quand la neuvième aurore éclairera le monde,

Au déplorable époux dont tu causas les maux,

Offre une brebis noire et la fleur des pavots ;

Enfin, pour satisfaire aux manes d'Eurydice,

De retour dans les bois, immole une génisse.

Elle dit. Le berger dans ses nombreux troupeaux

Va choisir à l'instant quatre jeunes taureaux ;

Immole un nombre égal de génisses superbes

Qui des prés émaillés foulaient en paix les herbes.

Pour la neuvième fois quand l'aurore parut,

Au malheureux Orphée il offrit son tribut,

Et rentra plein d'espoir dans la forêt profonde.

O prodige ! le sang, par sa chaleur féconde,

Dans le flanc des taureaux forme un nombreux essaim ;

Des peuples bourdonnants s'échappent de leur sein,

Comme un nuage épais dans les airs se répandent,

Et sur l'arbre voisin en grappes se suspendent.

(Virgile, trad. de M. Delille.)

QUATRIÈME PARTIE.

DES HÉROS, DES PERSONNAGES CÉLÈBRES, ET DES PRINCIPAUX ÉVÉNEMENTS DE LA FABLE.

Thésée.

Demande. Qui était Thésée ?

Réponse. *Thésée*, fils d'Egée, roi des Athéniens, fut parent et contemporain d'Hercule. Il se proposa de marcher sur les traces de ce héros, et entreprit de délivrer la terre des monstres qui la désolaient.

> Résolu de périr par un noble trépas,
>
> Jaloux du nom d'Hercule, et marchant sur ses pas,
>
> J'entrepris de venger et d'affranchir la terre
>
> De monstres, de méchants échappés au tonnerre.
>
> (Racine.)

D. Racontez les grandes actions de Thésée.

R. *Phalaris*, tyran d'Agrigente en Sicile, avait fait forger un taureau d'airain, dans lequel il enfermait des hommes tout vivants, pour les y brûler à petit feu. Il prenait un cruel plaisir à les entendre pousser des cris qui imitaient les mugissements d'un bœuf. Pérille, auteur d'une si horrible invention, en fit le premier essai. Le tyran l'y fit enfermer, au lieu de lui payer le salaire qu'il lui avait promis. Thésée extermina Phalaris.

Procruste ou *Procuste* était un brigand qui habitait les environs du fleuve Céphise, dans l'Attique. Ce scélérat faisait étendre ses hôtes sur un lit de fer, leur couper les extrémités des jambes, lorsqu'elles dépassaient le lit, ou les faisait tirailler avec des cordages, jusqu'à ce qu'elles en atteignissent la longueur. Thésée purgea la terre de ce monstre.

Scyron était un fameux brigand qui désolait l'Attique. Il précipitait touts les étrangers dans la mer. Thésée le défit, et le jeta lui-même dans la mer où il fut changé en rocher.

Cercyon, autre brigand qui dévastait l'Attique forçait les passants à lutter contre lui, et massacrait ceux qu'il avait vaincus. Il avait une force de corps si prodigieuse, qu'il courbait les plus gros arbres ; il en rapprochait la cime, et y attachait ceux qu'il avait terrassés. Les arbres, en se relevant, déchiraient ses victimes. Thésée l'ayant abattu, le punit du même supplice qu'il avait fait souffrir à tant d'autres. Les poètes donnent aussi le nom de *Scinis* a ce brigand.

Périphète, géant, fils de Vulcain, ne se nourrissait que de chair humaine. Il s'était cantonné dans le voisinage d'Epidaure, et attaquait touts les passants. Thésée, en allant de Trézène à l'isthme de Corinthe, le tua et s'empara de sa massue, qu'il porta toujours depuis comme un monument de sa victoire. Thésée dispersa les os de Périphète dans les champs d'Epidaure.

D. Continuez le récit des exploits glorieux de Thésée.

R. Il délivra les campagnes de Marathon d'un taureau furieux qui y faisait de grands ravages ; il tua le sanglier de Calydon qui désolait l'Etolie. Diane, irritée de ce qu'on avait négligé son culte, avait envoyé ce monstre pour punir les Étoliens et les habitants de la ville de Calydon. Enfin, Thésée fit périr le Minotaure.

De la Fosse dit de Thésée :

> .... Ce héros intrépide,
>
> Consolant les mortels de l'absence d'Alcide,
>
> Procruste, Cercyon et Scyron, et Scinis,
>
> Et les os dispersés du géant d'Epidaure,
>
> Et la Crète fumant du sang du Minotaure.

D. Qu'était-ce que le Minotaure ?

R. Le *Minotaure* était un monstre moitié homme et moitié taureau, né, selon les poètes, de Pasiphaé, épouse de Minos, roi de Crète. Minos le tenait dans le labyrinthe que Dédale avait construit pour y enfermer ce monstre. Le Minotaure ne vivait que de chair humaine. Les Athéniens étaient obligés d'envoyer touts les ans sept jeunes garçons, tirés au sort, pour lui servir de nourriture. Minos leur avait imposé ce tribut *y* après les avoir vaincus dans un combat qu'il leur livra pour venger son fils Androgée qu'ils avaient fait mourir.

D. Dites comment Thésée vainquit le Minotaure.

R. Les Athéniens avaient payé trois fois le tribut cruel et humiliant auquel ils avaient été assujettis. Thésée forma le généreux projet d'en affranchir sa patrie, et partit pour la Crète. *Ariane*, fille de Minos, lui fut d'un grand secours dans son entreprise. La princesse donna à ce héros un peloton de fil, à la faveur duquel il sortit du labyrinthe, après avoir tué le Minotaure. Thésée emmena Ariane avec lui ; mais bientôt il oublia le service important qu'elle lui avait rendu, et la délaissa dans l'île de Naxos. Bacchus vint la consoler de l'infidélité de son amant, et l'épousa.

> Ce monstre, homme et taureau, qu'un fol amour fit naître,
>
> Qui du sang des humains brulait de se repaître,
>
> Sous le fer de Thésée enfin perdit le jour.
>
> Le héros tient le fil qui trace son retour ;
>
> Tandis qu'un peu plus loin Ariane tremblante,
>
> Craint que le sort ne trompe son attente ;
>
> Les yeux au labyrinthe, et les mains vers les oiseaux
>
> Au secours de Thésée elle appelle les dieux.
>
> (La Motte.)

D. Donnez-nous quelques détails sur le labyrinthe.

R. Le labyrinthe de Crète, si célèbre parmi les poètes, est souvent appelé le *Dédale*, du nom de celui qui l'avait bâti. C'était un composé de bosquets et de bâtiments disposés avec tant d'art, qu'il n'était plus possible d'en sortir dès qu'on y était entré. Dédale fut la première victime de son invention : car Minos le fit enfermer dans le labyrinthe, avec son fils Icare. Mais Dédale fabriqua des ailes artificielles qu'il attacha à ses épaules et à celles de son fils. Il recommanda bien à Icare de ne voler ni trop haut, ni trop bas, de peur que le soleil ne fondît la cire qui attachait ses ailes, ou que les vapeurs de la mer ne rendissent les plumes trop humides.

> Dédale cependant qu'un long exil ennuie
>
> Sent le désir si doux de revoir sa patrie ;
>
> Mais la mer l'emprisonne, et ses désirs sont vains
>
> « Si la Crète, dit-il, s'oppose à mes desseins,
>
> » Si la terre et la mer me ferment le passage,
>
> » Que l'air m'ouvre un chemin pour sortir d'esclavage.
>
> » Minos possède en vain et la terre et les flots ;
>
> » L'air est libre pour moi ; je ne crains plus Minos. »
>
> Il dit, et fait céder au pouvoir du génie
>
> Les lois de la nature et de la tyrannie.
>
> Des plumes que son art assortit avec choix,
>
> Par degrés à leur rang se placent sous ses doigts.
>
> Tels, sous la main de Pan, l'Arcadie a vu naître

Les tubes inégaux de la flûte champêtre.

Une cire onctueuse, enduite aux environs,

Des plumes qu'il attache, unit les avirons ;

Et, par un dernier pli, leur légère courbure

Dans le travail de l'art, imite la nature.

Icare auprès de lui l'observe, et, sans songer

Qu'il s'amuse, en jouant., de son propre danger,

Court après le duvet qu'emporte le zéphire,

De ses doigts apprentis, touche, amollit la cire,

Et nuit à l'ouvrier par ses jeux enfantins ;

Quand l'ouvrage eut cent fois repassé sous ses mains.

Dédale, qui dans l'air en suspens se balance,

De ses ailes d'abord éprouve la puissance ;

Et, sûr de leur usage, il l'enseigne à son fils.

« Prends le milieu des airs, et crois-en mes avis ;

» N'approche point trop près des ondes infidèles,

» Tu verrais leur vapeur appesantir tes ailes.

» Si trop près du soleil s'élève ton essor,

» Tu vois fondre la cire, et tu péris encor,

» Là, tu vois Orion ; ici, le char de l'Ourse :

» Vole entre l'un et l'autre ; imite, et suis ma course. »

Mêlant à ses avis mille soins inquiets,

Tandis que de son vol il hâte les apprêts,

Des pleurs mouillent ses yeux ; et ses mains paternelles,

Ses mains tremblent deux fois, en attachant ses ailes.

Il embrasse son fils : une secrète voix

Lui dit qu'il l'embrassait pour la dernière fois.

Il s'élève dans l'air, l'appelle sur sa trace,

Et d'un vol inquiet craint pour sa jeune audace.

Comme une mère instruit l'oiseau novice encor

A régler les écarts de son premier essor,

L'œil tourné sur son fils, d'un vol hardi, mais sage,

De son art périlleux il lui montre l'usage.

Le pêcheur, près des eaux, assis sur le gazon,

Au moment qu'à la ligne il suspend l'hameçon,

Le conducteur du soc, la main sur sa charrue,

Le pasteur, immobile et les yeux vers la nue,

En voyant ces mortels voyager dans les cieux,

S'étonne, les admire, et les prend pour des dieux.

(Ovide, trad. de Saintange.)

D. Icare suivit-il exactement les avis de Dédale, son père ?

R. Non : ce jeune téméraire voulut s'élever au haut des airs. Le soleil fondit la cire de ses ailes, et Icare tomba dans la mer qui a pris de lui le nom de mer Icarienne[18]. Le malheureux Dédale aborda en Sicile. Le roi Cocalus lui donna un asile. Mais il le fit ensuite étouffer dans une étuve, pour prévenir l'effet des menaces de Minos.

Lébynte[19] et Calydné[20], monts chéris de l'abeille,

A droite, de leur vol avaient vu la merveille ;

A gauche ils ont laissé le temple de Samos,

Délos et son oracle, et le roc de Paros,

Le jeune ambitieux, follement intrépide,

Pour s'élever au ciel, abandonne son guide.

Trop voisin du soleil, un océan de feux

De la cire amollit les liens onctueux.

Déjà la plume échappe à ses ailes fondues ;

De ses bras, mais en vain, il frappe encor les nues :

Il appelle son père, et tombe au fond des mers

Fameuses par son nom, sa chute et ses revers.

Son père infortuné, qui déjà n'est plus père,

Dédale cherche au loin le jeune téméraire.

Icare, où te trouver ? Il appelle à grands cris

Icare, et sur les eaux voit flotter ses débris.

Il maudit de son art l'invention funeste ;

De son malheureux fils il recueille le reste,

Lui dresse dans une île un tombeau de gazon ;

Et cette île[21] depuis a conservé son nom.

(Ovide, trad. de Saintange.)

D. Quel chagrin éprouva Thésée, à son retour de l'expédition de la Crète ?

R. Il perdit son père dont il dut se reprocher la mort. Thésée avait mis des voiles noires au vaisseau sur lequel il s'embarquait, et il avait promis à Egée, de changer ces voiles noires en voiles blanches, s'il revenait victorieux. La joie lui fit oublier cette promesse. Son père apercevant de loin les voiles noires, crut que son fils avait péri, et se précipita dans la mer qui depuis fut appelée, de son nom, *mer Égée.*

D. A quelle occasion Thésée fit-il la guerre aux Centaures ?

R. Pirithoüs, roi de Thessalie, jaloux des grands succès de Thésée, vint avec une armée ravager les états de ce prince, afin de l'attirer à un combat singulier. Thésée accepta le défi. Mais quand ils furent en présence, une secrète admiration s'empara de leur esprit ; leur cœur se découvrit sans feinte, ils s'embrassèrent au lieu de se battre, et se jurèrent une amitié éternelle. Pirithoüs avait à se plaindre des Centaures qui avaient massacré plusieurs de ses sujets le jour de son mariage avec Hippodamie. Les deux héros s'unirent pour combattre ces peuples, et en tirèrent une vengeance éclatante. Les Centaures étaient si bons cavaliers, qu'ils paraissaient ne faire qu'un même corps avec leurs chevaux. C'est ce qui a donné lieu aux poètes, de feindre que les *Centaures* étaient des monstres demi-hommes et demi-chevaux.

D. Quel dessein conçurent ensuite Thésée et Pirithoüs ?

R. Ces deux amis formèrent le projet d'enlever Proserpine ; et pour cela ils descendirent aux Enfers.

On dit même, et ce bruit est par-tout répandu,

Qu'avec Pirithoüs aux enfers descendu,

Il a vu le Cocyte et les rivages sombres,

Et s'est montré vivant aux infernales ombre ;

Mais qu'il n'a pu sortir de ce triste séjour,

Et repasser les bords qu'on passe sans retour.

(Racine.)

Pirithoüs fut dévoré par Cerbère ; mais Thésée fut délivré par Hercule, lorsque celui-ci descendit aux Enfers.

D. Quelle guerre Hercule et Thésée firent-ils ensemble ?

R. Ils firent la guerre aux Amazones, et Thésée épousa *Hippolyte*, reine de ces femmes guerrières : il en eut un fils qui porta le nom, de sa mère. *Phèdre, fille* de Minos, que Thésée prit depuis pour femme, devint éperdument amoureuse du jeune Hippolyte. Le prince, uniquement occupé de l'étude de la sagesse et des amusements de la chasse, n'entendit qu'avec horreur la déclaration que belle-mère osa lui faire de son infâme passion. Phèdre, outrée de dépit, se vengea d'Hippolyte, en l'accusant auprès de Thésée, d'avoir voulu attenter à son honneur. Ce père crédule chassa son fils, et appela sur lui la vengeance de Neptune.

Et toi, Neptune, et toi, si jadis mon courage

D'infâmes assassins nettoya ton rivage,

Souviens-toi que, pour prix de mes efforts heureux,

Tu promis d'exaucer le premier de mes vœux.

Dans les longues rigueurs d'une prison cruelle

Je n'ai point imploré ta puissance immortelle ;

Avare du secours que j'attends de tes soins,

Mes vœux t'ont réservé pour de plus grands besoins :

Je t'implore aujourd'hui. Venge un malheureux père :

J'abandonne ce traître à toute ta colère.

(Racine.)

D. Les vœux de Thésée furent-ils exaucés par Neptune ?

R. Ils ne le furent que trop. Neptune suscita un monstre marin qui effaroucha les chevaux d'Hippolyte. Le malheureux prince fut renversé de son char, et périt, traîné par ses propres chevaux.

....

A peine nous sortions des portes de Trézène,

Il était sur son char : ses gardes affligés

Imitaient son silence ; autour de lui rangés :

Il suivait tout pensif le chemin de Mycènes ;

Sa main sur les chevaux laissait flotter les rênes

Ces superbes coursiers, qu'on voyait autrefois

Pleins d'une ardeur si noble obéir à sa voix,

L'œil morne maintenant et la tête baissée,

Semblaient se conformer à sa liste pensée.

Un effroyable cri, sorti du fond des flots,

Des airs en ce moment a troublé le repos ;

Et du sein de la terre une voix formidable

Répond en gémissant à ce cri redoutable.

Jusqu'au fond de nos cœurs notre sang s'est glacé ;

Les coursiers attentifs le crin s'est hérissé.

Cependant, sur le dos de la plaine liquide

S'élève à gros bouillons une montagne humide :

L'onde approche, se brise, et vomit à nos yeux,

Parmi des flots d'écume, un monstre furieux.

Son front large est armé de cornes menaçantes ;

Tout son corps est couvert d'écailles jaunissantes :

Indomptable taureau, dragon impétueux,

Sa croupe se recourbe en replis tortueux ;

Ses longs mugissements font trembler le rivage

Le ciel avec horreur voit ce monstre sauvage ;

La terre s'en émeut, l'air en est infecté,

Le flot qui l'apporta recule épouvanté.

Tout fuit ; et, sans s'armer d'un courage inutile,

Dans le temple voisin chacun cherche un asile.

Hippolyte lui seul, digne fils d'un héros,

Arrête les coursiers, saisit les javelots,

Pousse au monstre, et, d'un dard lancé d'une main sûre,

Il lui fait dans le flanc une large blessure.

De rage et de douleur le monstre bondissant

Vient aux pieds des chevaux tomber en mugissant,

Se roule, et leur présente une gueule enflammée

Qui les couvre de feu, de sang et de fumée.

La frayeur les emporte ; et, sourds à cette fois,

Il ne connaissent plus ni le frein ni la voix :

En efforts impuissants leur maître se consume ;

Ils rougissent le mors d'une sanglante écume.

On dit qu'on a vu même, en ce désordre affreux,

Un dieu qui d'aiguillons pressait leurs flancs poudreux.

A travers les rochers la peur les précipite ;

L'essieu crie et se rompt : l'intrépide Hippolyte

Voit voler en éclats tout son char fracassé,

Dans les rênes lui-même il tombe embarrassé.

Excusez ma douleur cette image cruelle

Sera pour moi de pleurs une source éternelle :

J'ai vu, Seigneur, j'ai vu votre malheureux fils

Traîné par les chevaux que sa main a nourris.

Il veut les rappeler, et sa voix les effraie ;

Ils courent : tout son corps n'est bientôt qu'une plaie.

De nos cris douloureux la plaine retentit.

Leur fougue impétueuse enfin se ralentit :

Ils s'arrêtent non loin de ces tombeaux antiques

Où des rois ses aïeux sont les froides reliques.

J'y cours en soupirant, et sa garde me suit ;

De son généreux sang la trace nous conduit ;

Les rochers en sont teints, les ronces dégouttantes

Portent de ses cheveux les dépouilles sanglantes.

J'arrive, je l'appelle ; et me tendant la main,

Il ouvre un œil mourant qu'il referme soudain :

« Le ciel, dit-il, m'arrache une innocente vie,

» Prends soin après ma mort de la triste Aricie.

» Cher ami, si mon père, un jour désabusé,

» Plaint le malheur d'un fils faussement accusé,

» Pour apaiser mon sang et mon ombre plaintive,

» Dis-lui qu'avec douceur il traite sa captive ;

» Qu'il lui rende... » A ce mot, ce héros expiré

N'a laissé dans mes bras qu'un corps défiguré :

Triste objet où des dieux triomphe la colère,

Et que méconnaitrait l'œil même de son père.

(Racine.)

D. Quelle fut la fin de Thésée ?

R. Hippolyte fut ressuscité par Esculape. Phèdre, bourrelée de remords, se pendit de désespoir. Les sujets de Thésée se révoltèrent contre ce prince et le chassèrent de ses états. Thésée se retira dans l'île de Scyros, pour y achever tranquillement ses jours, dans une vie privée. Mais le roi Lycomède, jaloux de sa réputation, ou corrompu par ses ennemis, le fit précipiter du haut d'un rocher, où il l'avait attiré sous prétexte de lui montrer la campagne. Longtemps après, les Athéniens, pour réparer leur ingratitude envers Thésée, rendirent des honneurs à ses cendres, et lui élevèrent des autels.

BELLÉROPHON

D. Racontez l'histoire de Bellérophon

R. Bellérophon était fils de Glaucus, roi de Corinthe. Il est le premier qui ait enseigné l'art de mener un cheval, avec le secours de la bride. Ayant eu le malheur de tuer son frère à la chasse, il se réfugia à la cour de Proetus, roi d'Argos. Sthénobée, femme de ce prince, conçut une forte passion pour Bellérophon qui s'y montra insensible. La reine, pour se venger, l'accusa auprès de son époux devoir voulu attenter à son honneur. Le roi, pour ne pas violer les lois de l'hospitalité, envoya le jeune héros en Lycie, avec des lettres adressées à Iobalte, roi de cette contrée, et père de Sthénobée. Proetus avait dit à Bellérophon qu'il le recommandait dans ces lettres, à son beau-père. Mais il informait au contraire le roi de l'injure qu'il prétendait en avoir reçue, et le priait d'en tirer vengeance. C'est de là que vint l'usage d'appeler *Lettres de Bellérophon*, celles qui renfermaient quelque chose contre les intérêts de celui qui les portait.

D. Quel accueil Bellérophon reçut-il à la cour du roi de Lycie ?

R. Le roi Iobalte lui fit un accueil hospitalier. Les neuf premiers jours de son arrivée se passèrent en fêtes et en festins. Mais le dixième jour, le roi décacheta les lettres dont son hôte était porteur. Ne voulant point souiller sa maison du sang du jeune prince, il l'envoya combattre les Solymes avec un faible corps de troupes. Bellérophon revint victorieux, contre l'attente d'Iobalte. Le roi l'exposa à d'autres dangers dont le héros se tira pareillement avec gloire. Enfin le roi lui ordonna d'aller combattre la *Chimère*.

D. Qu'était-ce que la Chimère ?

R. C'était un monstre né en Lycie. Il avait la tête d'un lion, la queue d'un dragon, et le corps d'une chèvre. Sa gueule béante vomissait des tourbillons de flammes et de feux. Neptune donna le cheval Pégase à Bellérophon. Le prince, monté sur ce coursier, tua la Chimère. Alors Iobalte, reconnaissant l'innocence de ce héros, et la protection spéciale dont les dieux l'honoraient, lui donna sa seconde fille en mariage, et le déclara son successeur. Sthénobée, ne pouvant supporter les remords dont elle était dévorée, s'empoisonna.

Jason et les Argonautes.

D. Faites-nous connaitre Jason.

R. Jason était fils d'Eson, roi d'Iolchos, en Thessalie. Pélias s'empara des états d'Eson, son frère ; Craignant que Jason ne cherchât à remonter sur le trône de son père, il pensa à éloigner ce prince, en lui proposant une expédition glorieuse, mais pleine de dangers. C'était la conquête de la *Toison d'or*. Pélias espérait que son neveu périrait dans cette entreprise.

...... Retraçons la célèbre entreprise

Qui conduisit Jason sur les bords de Colchos,

Et montrons ce que peut la valeur d'un héros,

Lorsque le ciel la favorise.

(Gresset.)

D. Qu'était-ce que la toison d'or ?

R. C'était la toison d'un bélier dont les dieux avaient fait présent à Athamas, roi de Thèbes. La toison de ce bélier était dorée. Phryxus, fils d'Athamas, et Hellé, sœur du jeune prince, ayant pris la résolution de s'enfuir de la maison paternelle, pour se dérober aux persécutions de Néphèle, leur belle-mère, emmenèrent le bélier, et montèrent dessus pour traverser le bras de mer qui sépare l'Europe de l'Asie. Hellé, effrayée du bruit des vagues, se laissa tomber dans la mer qui pour cette raison fut appelée l'*Hellespont*[22].

Phryxus aborda heureusement dans la Colchide, où il sacrifia son bélier pour obéir à un oracle. Il en suspendit la toison à un arbre, dans un champ consacré à Mars. Aëte, parent de Phryxus, et roi de la Colchide, lui donna sa fille en mariage. Mais ensuite il envia les trésors de son gendre, et le fit mourir pour s'en rendre maître : Jason, et un grand nombre de princes de la Grèce, informés de cette barbarie, résolurent la perte du meurtrier, et formèrent le dessein de reconquérir la toison d'or.

D. Quel nom, les poètes ont-ils donné aux héros qui entreprirent la conquête de la toison d'or ?

R. Ils ont été appelés *Argonautes*, parce que le vaisseau qu'ils montaient, se nommait *Argo*. On compte parmi ces héros, Hercule, Castor, Pollux, Orphée, Laërte, père d'Ulysse ; Pélée, père d'Achille ; Thésée, Pirithoüs, etc. Jason, promoteur de l'entreprise, en fut reconnu le chef.

> Argonautes fameux, demi-dieux de la Grèce,
>
> Castor, Pollux, Orphée, et vous heureux Jason,
>
> Vous de qui la valeur, et l'amour et l'adresse
>
> Ont conquis la toison.
>
> (Voltaire.)

D. Quelles difficultés présentait l'expédition des Argonautes ?

R. Cette expédition présentait des difficultés insurmontables. La toison était gardée par des taureaux à gueules enflammées et par un horrible dragon. Il fallait, suivant l'ordre du destin, mettre sous le joug ces taureaux, présent de Vulcain, puis les attacher à une charrue, et leur faire labourer le champ consacré à Mars ; semer dans ce champ les dents d'un dragon d'où devaient naître des hommes armés qu'il fallait exterminer jusqu'au dernier ; enfin, tuer le monstre qui veillait à la conservation du précieux dépôt. C'est par le secours de Médée, fille d'Aëte, et qui excellait dans l'art des enchantements, que Jason surmonta toutes ces difficultés. Il enleva la toison, et Médée abandonna son père pour s'enfuir avec le héros auquel elle avait prêté son secours. L'expédition des Argonautes eut lieu 79 ans avant la prise de Troie.

Médée parle ainsi à Créon :

Sans moi, pour conquérir la superbe toison,

Qu'auraient pu ces héros, et ce fameux Jason ?

Leur bouche a-t-elle osé m'en dérober la gloire ?

S'ils vous l'ont déguisée, apprenez-en l'histoire :

« Dans une forêt sombre, un dragon furieux

» Conservait du dieu Mars le dépôt précieux.

» Ses yeux étincelaient d'une affreuse lumière

» Jamais le doux sommeil ne charma leur paupière ;

» Et veillant nuit et jour, ses terribles regards

» Portaient l'effroi, l'horreur, la mort de toutes parts.

» Farouches défenseurs de la forêt sacrée,

» Deux taureaux menaçants en occupaient l'entrée.

» Il fallait mettre au joug ces taureaux indomptés ;

» Des fureurs de Vulcain ministres redoutés,

» Ils vomissaient au loin une brûlante haleine,

» Et de torrents de flamme ils mondaient la plaine.

» Il fallait, à leur aide, ouvrir d'affreux sillons

» Voir des dents d'un serpent naître des bataillons,

» Et vaincre ces soldats enfantés par la terre,

» Qui touts ne respiraient que le sang et la guerre.

» Parmi tant de périls, quel Dieu, sans mon secours

» De vos tristes héros eût conservé les jours ?

» Sur le Destin jaloux j'emportai la victoire :

» J'empêchai leur trépas ; je les couvris de gloire ;

» Et leur sacrifiai remords, crainte, pudeur,

» Mon père, mon pays, ma gloire, mon bonheur. »

(De Longepierre.)

D. Jason et Médée ne furent-ils point poursuivis par Aëte ?

R. Oui ; et Médée, pour retarder la course d'Aëte, mit en pièces son frère Absyrthe qu'elle avait emmené avec elle, et dispersa les membres de ce malheureux enfant, le long du chemin que suivait son père. Aëte perdit du temps à ramasser les membres de son fils. Médée parvint ainsi à se dérober à sa poursuite. Arrivée à Athènes, elle rajeunit, par la force de ses enchantements, le vieux Eson, père de Jason. Les filles de Pélias voulurent obtenir d'elle la même faveur pour leur père. Médée saisit cette occasion de se venger de Pélias qui avait ôté le trône à Eson, et avait voulu faire périr Jason. Elle persuada donc aux filles du roi, de couper leur père par morceau, et d'en jeter les membres dans une chaudière d'eau bouillante. Le malheureux Pélias perdit la vie par ce stratagème.

D. Jason lui-même ne fut-il pas victime des fureurs de Médée ?

R. Oui. Jason devint amoureux de Créuse, fille de Créon, roi de Corinthe. Médée fut outrée de cette infidélité.

> Quoi ! mon père trahi, les éléments forcés,
>
> D'un frère dans la mer les membres dispersés,
>
> Lui font-ils présumer mon audace épuisée ?
>
> Lui font-ils présumer, qu'à mon tour méprisée,
>
> Ma rage contre lui n'ait pas où s'assouvir,
>
> Et que tout mon pouvoir se borne à le servir ?
>
> Tu t'abuses, Jason, je suis encor la même.
>
> Tout ce qu'en ta faveur fit mon amour extrême,
>
> Je le ferai par haine, et je veux, pour le moins,
>
> Qu'un forfait nous sépare, ainsi qu'il nous a joints.
>
> (P. Corneille.)

Médée envoya à Créuse une cassette pleine de pierres précieuses ensorcelées. Le feu prit à la cassette et consuma la princesse et le roi son père avec elle. Médée reprocha ensuite à Jason son infidélité, égorgea en sa présence les deux fils qu'elle en avait eus, et s'élevant dans les airs sur un char traîné par des dragons ailés, elle se retira à Athènes.

D. Quelle fut la fin de Médée ?

R. Elle trouva un asile, auprès d'Egée, roi de Corinthe, qui même l'épousa. Mais Thésée revint alors à Athènes pour se faire reconnaitre par son père. Médée fut soupçonnée d'avoir voulu faire périr le jeune prince par le poison. Elle fut donc encore obligée de s'enfuir d'Athènes. Elle se retira dans la Phénicie, et passa ensuite dans l'Asie supérieure. Elle épousa un des plus grands rois de ce pays-là. Elle en eut un fils appelé *Médus* qui succéda à son père, et donna à ses sujets le nom de *Mèdes*.

C'est peu que dans Corinthe on ait vu mon courage

Des mépris d'un époux venger l'indigne outrage ;

C'est peu que d'une cour que je remplis d'horreur,

Ma fuite triomphante ail bravé la fureur ;

Pour mieux jouir encor d'une entière vengeance,

Je trouve une autre cour, un roi dont la naissance,

Pour m'attacher à lui, me rend avec éclat,

Tout ce que je perdis en suivant un ingrat.

(De la Fosse.)

CADMUS

D. De qui Cadmus était-il fils ?

R. *Cadmus* était fils d'Agénor, roi des Phéniciens. Jupiter, transformé en taureau, enleva Europe, sœur de Cadmus. Agénor enjoignit à son fils, d'aller la chercher, et de ne point revenir sans elle. Cadmus, après avoir parcouru inutilement diverses contrées, vint consulter l'oracle de Delphes, qui lui ordonna de s'arrêter dans le lieu où il serait conduit par un bœuf, et d'y bâtir une ville. Cadmus rencontra dans la Phocide une génisse qui lui servit de guide. La ville qu'il bâtit fut appelée *Thèbes*, et la contrée prit le nom de *Béotie*.

D. Cadmus régna-t-il long-temps à Thèbes ?

R. Il y régna pendant plusieurs années. Mais il éprouva des malheurs domestiques aussi grands que multipliés. Sémélé, sa fille, mère de Bacchus, fut consumée par la foudre ; Ino, aussi sa fille, fuyant son mari Athamas, devenu furieux, se précipita dans la mer ; Agavé, autre fille de Cadmus, célébrant les Orgies avec les Ménades, mit en pièces son propre fils nommé *Penthée* ; Autonoé, sa quatrième fille, eut à déplorer la mort funeste de son fils Actéon. Cadmus, pour n'être pas témoin de tant de malheurs arrivés dans sa famille, se retira en Illyrie. On dit qu'il fut changé en serpent, ainsi que sa femme.

D. De quelle invention les Grecs sont-ils redevables à Cadmus ?

R. On prétend qu'il leur apprit l'art de l'écriture. Tout le monde connait ces beaux vers de Brébœuf sur Cadmus.

> C'est de lui que nous vient cet art ingénieux
>
> De peindre la parole et de parler aux yeux ;
>
> Et, par les traits divers des figures tracées,
>
> Donner de la couleur et du corps aux pensées.

Harmonie, femme de Cadmus, donna aux Grecs les premières connaissances de l'art qui porte son nom.

Amphion, Arion.

D. Qui était Amphion ?

R. Amphion était fils de Jupiter et d'Antiope, femme de Lycus, roi de Thèbes. Il se rendit habile dans la musique, et Mercure, dont il fut le disciple, lui donna une lyre, au son de laquelle il bâtit les murs de la ville de Thèbes qui avait été fondée par Cadmus. Les pierres, sensibles à la douceur de ses accents, venaient d'elles-mêmes se placer les unes sur les autres. Nous trouvons dans cette fiction un emblème ingénieux du pouvoir de l'éloquence et de la poésie, sur les premiers hommes épars dans les bois.

D. Faites-nous connaitre Arion.

R. Arion, cet illustre rival d'Amphion et d'Orphée, était né à Méthymne, dans l'île de Lesbos. Il jouit long-temps de la faveur de Périandre, roi de Corinthe. Il passa ensuite en Italie où il exerça ses talents d'une manière utile à sa fortune. Il s'embarqua au port de Tarente pour revenir dans sa patrie. Les matelots formèrent le dessein de le tuer pour s'emparer de ses richesses. Arion demanda, pour toute grâce, qu'il lui fut permis de toucher encore une fois sa lyre avant que de recevoir la mort. Il l'obtint, se retira sur la poupe du vaisseau, et fit retentir l'air des accents les plus touchants. Bientôt après, il se précipita dans la mer. Plusieurs dauphins, sensibles aux charmes de sa mélodie, s'étaient rassemblés autour de son vaisseau. Un d'eux le reçut sur son dos, et le porta jusqu'au cap Ténare, en Laconie, d'où il se rendit à Corinthe. Périandre fut ravi de le revoir ; il fit punir de mort les pirates, et éleva un cénotaphe au dauphin qui avait sauvé Arion.

D. Comment Campistron a-t-il décrit les prodiges attribués par les poètes à la lyre d'Amphion et à celle d'Arion ?

R. Voici les vers de Campistron :

> Songez par quel prodige on connait Amphion,

Quel miracle la Grèce a chanté d'Arion :

Le premier, sans autre art, voit au son de sa lyre

Les pierres se mouvoir et Thèbes se construire ;

L'autre, près de périr par la fureur des flots,

Sait trouver dans leur sein la vie et le repos :

Un dauphin, traversant les plaines de Neptune,

Attiré par ses chants, prend soin de sa fortune :

Il l'aborde ; il l'emporte, il lui sert de vaisseau ;

Et, donnant aux mortels un spectacle nouveau,

Il le fait à leurs yeux sans périls et sans crainte,

Naviguer sur les mers de Crète et de Corinthe.

D. Par qui fut ruinée la ville de Thèbes ?

R. Cette ville fut ruinée par Alexandre le Grand, qui n'en épargna que la maison et la famille du poète Pindare qui y avait pris naissance.

Viens servir l'ardeur qui m'inspire :

Déesse, prête-moi la lyre,

Ou celle de ce Grec vanté,

Dont l'impitoyable Alexandre,

Au milieu de Thèbes en cendre,

Respecta la postérité.

(Rousseau.)

Il y eut en Egypte une autre ville de *Thèbes*, renommée pour ses cent portes. Le pays dans lequel elle était située, se nommait *Thébaïde*.

PYGMALION.

D. Qu'est-ce que la fable nous apprend de Pygmalion ?

R. *Pygmalion* était un fameux sculpteur. Il fit une statue de
Vénus en ivoire, et la trouva si belle, qu'il pria la déesse d'animer
cet ouvrage de son ciseau. Vénus l'exauça, et Pygmalion épousa sa statue, dont il eut Paphus, qui bâtit la ville de Paphos.

DEUCALION.

D. Qui était Deucalion ?

R. Deucalion, fils de Prométhée et de Pandore, épousa Pyrrha, fille d'Épiméthée son oncle. Dans le temps qu'il régnait en Thessalie, un grand déluge inonda toute la terre, et fit périr touts les hommes ; Deucalion et Pyrrha furent sauvés dans une barque qui s'arrêta sur le mont Parnasse. Lorsque les eaux furent retirées, ils allèrent consulter l'oracle de Thémis, qui leur ordonna de sortir du temple, de voiler leur visage, et de jeter derrière eux les os de leur grand'mère. Leur piété fut d'abord alarmée de cet ordre. Mais Deucalion, après y avoir bien réfléchi, comprit que les *os de leur grand'mère* n'étaient autre chose que les *pierres*, parce que la terre est la mère commune de touts les hommes. Ils en ramassèrent donc, et les jetèrent derrière eux. Celles que jeta Deucalion se changèrent en hommes, et celles de Pyrrha en femmes.

PYRAME ET THISBÉ.

D. Racontez l'histoire de Pyrame et de Thisbé.

R. Pyrame, jeune Assyrien, est célèbre par sa passion pour *Thisbé*. Une haine irréconciliable divisait les parents de ces jeunes amants. Pyrame et Thisbé se donnèrent un jour rendez-vous hors des murs de Babylone, sous un mûrier blanc, au pied duquel était le tombeau de Ninus. Thisbé arriva la première ; elle aperçut une lionne ; la peur la fit fuir. Elle laissa tomber son voile. La lionne le déchira et l'ensanglanta. Pyrame étant arrivé, ramassa le voile, et, croyant que Thisbé avait été dévorée, il se perça de son épée. Cependant Thisbé sortit du lieu où elle s'était cachée, et trouva Pyrame expirant. Elle ramassa l'épée fatale et se la plongea dans le cœur. On prétend que le mûrier fut teint du sang de ces amants, et que les mûres devinrent rouges, de blanches qu'elles étaient auparavant.

Philémon et Baucis.

D. Qu'est-ce que la fable nous apprend de Philémon et de Baucis ?

R. *Philémon* et *Baucis* étaient deux vieux époux vertueux et pauvres. Jupiter, sous la figure humaine, accompagné de Mercure, voulut visiter la Phrygie. Il fut rebuté de touts les habitants du bourg auprès duquel demeuraient Philémon et Baucis, qui seuls le reçurent. Pour les récompenser, le maître des dieux leur ordonna de le suivre au haut d'une montagne. Lorsqu'ils y furent arrivés, ils regardèrent derrière eux, et virent tout le bourg et les environs submergés, excepté leur petite cabane qui fut changée en un temple. Jupiter promit à ces pieux époux de leur accorder ce qu'ils désireraient. Ils se demandèrent d'être les ministres du temple qui avait remplacé leur cabane, et de ne point mourir l'un sans l'autre. Leurs vœux furent exaucés. Lorsqu'ils furent parvenus à une extrême vieillesse, Philémon s'aperçut que Baucis devenait tilleul, et Baucis fut étonnée de voir que Philémon devenait chêne. Ils se firent alors leurs derniers adieux.

PHILOMÈLE ET PROGNÉ

D. Racontez les malheurs de Philomèle et de Progné.

R. Philomèle et *Progné* étaient filles de Pandion, roi d'Athènes. Progné épousa Térée, roi de Thrace. Au bout de cinq ans, elle désira de revoir Philomèle, sa sœur, qu'elle aimait tendrement. Elle pria Térée de partir pour Athènes, et d'en ramener Philomèle. Térée y consentit, et obtint de son beau-père la permission d'emmener Philomèle. Pendant la route, il devint amoureux de la princesse, et lui fit violence. Ensuite, il lui coupa la langue, et la laissa prisonnière dans un château. En arrivant, il dit à son épouse, que Philomèle était morte dans le voyage. Progné pleura sa sœur, et lui fit élever un monument.

D. Comment le crime de Térée fut-il découvert ?

R. Philomèle, enfermée dans sa prison, s'avisa de tracer sur la toile, avec une aiguille, l'attentat de Térée, et la situation où elle était réduite. Elle trouva le moyen de faire passer la tapisserie à sa sœur. Progné différa sa vengeance jusqu'aux fêtes de Bacchus. Elle sortit alors avec plusieurs dames habillées en bacchantes, et se rendit à la prison de sa sœur qu'elle délivra. La vue de l'état où Térée avait mis cette infortunée, enflamma Progné d'une telle fureur, qu'elle tua son propre fils Itys, et en fit servir les membres à son mari. Philomèle parut sur la fin du repas, et jeta sur la table la tête de l'enfant. Térée, transporté de rage à cette vue, demande ses armes, et veut poursuivre les princesses ; mais les dieux changèrent Progné en hirondelle, Philomèle en rossignol, Térée en huppe, et Itys en faisan.

> Autrefois Progné l'hirondelle
>
> De sa demeure s'écarta,
>
> Et loin des villes s'emporta
>
> Dans un bois où chantait la pauvre Philomè-
> le.

« Ma sœur, lui dit Progné, comment vous portez-vous ?

Voici tantôt mille ans que l'on ne vous a vue ;

Je ne me souviens pas que vous soyez venue,

Depuis le temps de Thrace habiter parmi nous.

Dites-moi, que pensez-vous faire ?

Ne quitterez-vous point ce séjour solitaire ?

— Ah ! reprit Philomèle, en est-il de plus doux ?

Progné lui repartit : eh quoi ! cette musique

Pour ne chanter qu'aux animaux,

Tout au plus à quelque rustique ?

Le désert est-il fait pour des talents si beaux ?

Venez faire aux cités éclater leurs merveilles :

Aussi-bien, en voyant les bois,

Sans cesse il vous souvient que Térée autrefois,

Parmi des demeures pareilles,

Exerça sa fureur sur vos divins appas.

— Et c'est le souvenir d'un si cruel outrage,

Qui fait, lui dit sa sœur, que je ne vous aime pas :

En voyant les hommes, hélas !

Il m'en souvient bien davantage. »

(La Fontaine.)

D. Qu'est-ce que les poètes nous apprennent des Hespérides ?

R. Les *Hespérides* étaient filles d'Hesper, frère d'Atlas. Ou en compte ordinairement trois, *Églé, Aréthuse*, et *Hypéréthuse*. Elles avaient des jardins dans lesquels étaient des pommes d'or, gardées par un dragon qui avait cent têtes, et qui poussait à la fois cent sortes de sifflements. Ce fut avec une de ces pommes, que la Discorde brouilla les trois déesses. Ce fut avec ce même fruit qu'Hippomène vainquit Atalante. Hercule enleva les pommes du jardin des Hespérides.

D. Racontez l'histoire d'Atalante.

R. *Atalante*, fille d'un roi de Scyros, était si légère à la course, qu'il était impossible aux hommes les plus agiles et les plus vigoureux de l'atteindre. Pour se délivrer des importunités de la foule d'amants que lui attirait sa beauté, elle proposait aux prétendants de courir avec elle, et promettait sa main à celui qui serait son vainqueur ; mais elle se réservait le droit de mettre à mort ceux qui seraient vaincus. Plusieurs perdirent la vie de cette manière. Mais Hippomène, instruit et favorisé par Vénus, se présenta avec confiance. La déesse lui avait fait présent de trois pommes d'or du jardin des Hespérides. Hippomène jeta ces pommes dans l'arène si à propos, qu'Atalante, s'étant amusée à les ramasser, vit son concurrent arriver au but avant elle. Atalante devint le prix du vainqueur.

Les Sibylles.

D. Dites ce qu'étaient les Sibylles.

R. Les anciens ont appelé *Sibylles* certaines femmes aux-quelles ils ont attribué le don de connaitre et de prédire l'avenir La plus célébré de toutes a été celle de *Cumes* en Italie. On prétend même qu'il n'en a jamais existé d'autres. Ce qui a pu faire croire qu'il y avait eu plusieurs Sibylles, c'est que celle de Cumes a voyagé en divers pays, et qu'elle a pris les noms des lieux qu'elle a parcourus.

D. Racontez l'origine des *Livres sibyllins.*

R. On dit que la Sibylle apporta à Tarquin l'Ancien neuf volumes, pour lesquels elle demanda trois cents pièces d'or. Tarquin la renvoya avec mépris. La Sibylle jeta dans le feu trois de ses livres en présence du roi, puis elle demanda le même prix pour les six volumes qui restaient. Le prince la rebuta encore. Elle en brûla trois autres, et continua à demander le même prix pour les trois derniers. Tarquin, frappé de cette persévérance, envoya chercher les augures qui engagèrent le prince à donner la somme que la Sibylle exigeait pour ses trois volumes. Quand la Sibylle eut reçu son argent, elle conseilla au roi de garder ces œuvres avec soin, parce qu'ils contenaient des oracles qui présageaient les destinées de Rome. Tarquin les fit mettre dans un coffret de pierre qui fut placé sous une voûte du Capitole. La garde en fut confiée d'abord à deux patriciens qu'on nomma *Duumvirs.* Le nombre des gardiens fut porté dans la suite à quinze, qui prirent le nom de *Quindécemvirs.* On ne pouvait consulter ces livres sans une autorisation spéciale du Sénat, qui ne l'accordait que dans les grands événements.

ŒDIPE.

Œdipe et Antigone.

D. De qui Œdipe était-il fils ?

R. Il était fils de *Laïus,* roi de Thèbes. Laïus avait appris de l'oracle qu'il périrait de la main de son propre fils ; et ordonna à *Jocaste* sa femme, d'ôter la vie à l'enfant qu'elle mettrait au monde. La mère eut horreur de ce crime, et en confia l'exécution à un berger. Le berger, à son tour, touché des grâces de l'enfant, lui perça les talons et l'attacha à un arbre sur le mont Cithéron. Icare, berger de Polybe roi de Corinthe, ayant conduit par hasard son troupeau dans ce lieu, trouva le jeune prince, le détacha et l'emporta. La reine de Corinthe voulut le voir ; et, comme elle n'avait point d'enfants, elle l'adopta et prit soin de son éducation. Elle lui donna le nom d'*Œdipe,* à cause de l'enflure de ses pieds.

.... Un Thébain, qui se dit votre père,

Exposa votre enfance en ce lieu solitaire.

Quelque dieu bienfaisant guida vers vous mes pas :

La pitié me saisit, je vous pris dans mes bras ;

Je ranimai dans vous la chaleur presque éteinte.

Vous viviez ; aussitôt je vous porte à Corin-the ;

Je vous présente au prince : admirez votre sort !

Le prince vous adopte au lieu de son fils mort.

Et, par ce coup adroit, sa politique heureuse

Affermit pour jamais sa puissance douteuse

Sous le nom de son fils vous fûtes élevé

Par cette même main qui vous avait sauvé.

(Voltaire.)

D. Que fît Œdipe, lorsqu'il fut devenu grand ?

R. Il apprit qu'il n'était pas fils de Polybe. Il consulta l'oracle sur sa destinée, et reçut cette réponse : « Œdipe sera le meurtrier de son père, et l'époux de sa mère, et mettra au monde une race détestable. » Pour éviter d'accomplir cette horrible prédiction, Œdipe s'exila de Corinthe, et réglant sa marche sur les astres, il prit le chemin de la Phocide. Il rencontra Laïus dans un sentier étroit qui conduisait à Delphes. Laïus, monté sur son char, et escorté seulement de cinq personnes, ordonna à Œdipe d'un ton de hauteur de lui laisser le passage libre ; ils en vinrent aux mains sans se connaitre, et Laïus fut tué.

D. Dans quelle ville se rendit Œdipe, après avoir tué Laïus ?

R. Il alla à Thèbes, et trouva cette ville désolée par le *Sphinx.* C'était un monstre qui avait la tête d'une fille, le corps d'un chien, les ailes et la queue d'un dragon, les pieds et les griffes d'un lion. Il proposait une énigme aux passants, et dévorait touts ceux qui ne pouvaient point la deviner. Tout le monde abandonnait la contrée ; Thèbes était déserte.

> Né parmi les rochers, au pied de Cithéron,
>
> Ce monstre à voix humaine, aigle, femme et lion,
>
> De la nature entière exécrable assemblage,
>
> Unissait contre nous l'artifice à la rage.
>
> Il n'était qu'un moyen d'en préserver ces lieux.
>
> D'un sens embarrassé dans des mots captieux,
>
> Le monstre chaque jour, dans Thèbe épouvantée,
>
> Proposait une énigme avec art concertée.
>
> (Voltaire.)

D. Quelle était l'énigme proposée par le Sphinx ?

R. Le monstre demandait : « Quel est l'animal qui a quatre pieds le matin, d'eux à pieds, et trois le soir ? » La destinée du Sphinx portait qu'il perdrait la vie, dès qu'on aurait satisfait à sa question. Créon, frère de Jocaste, qui, depuis la mort de Laïus, tenait les rênes du gouvernement à Thèbes, fit publier dans toute la Grèce, qu'il donnerait la couronne et la main de Jocaste à celui qui expliquerait l'énigme. Œdipe se présenta, et fut assez heureux pour la deviner. Il dit au monstre, que son animal était l'homme lui-même qui, dans son enfance, se traîne sur les pieds et sur les mains, ensuite, parvenu à un âge plus avancé, marche debout sur les deux pieds seulement, et, dans la vieillesse, s'appuie sur un bâton qui lui sert de troisième pied. Le Sphinx, outré de dépit de se voir deviné, se cassa la tête contre un rocher, Œdipe fut proclamé roi de Thèbes, et épousa la reine Jocaste.

Le monstre, furieux de se voir entendu,

Venge aussitôt sur lui tant de sang répandu,

Du roc s'élança en bas et s'écrasa lui-même.

La reine tint parole, et j'eus le diadème.

(Corneille.)

D. Comment Œdipe reconnut-il qu'il était coupable de touts les crimes que l'oracle lui avait annoncé qu'il commettrait ?

R. Les premières années du règne d'Œdipe furent heureuses. Mais ensuite le royaume fut désolé par une peste cruelle. L'oracle, consulté de nouveau, répondit que le fléau ne cesserait que quand le meurtrier de Laïus aurait été puni. Œdipe fit des recherches pour découvrir ce meurtrier. Le berger par qui il avait été exposé sur le mont Cithéron, lui révéla le mystère de sa naissance. Bientôt Œdipe se reconnait coupable des deux crimes horribles qu'il a voulu éviter. Il apprend qu'il a tué son père, et qu'ils épousé sa mère.

Le voilà donc rempli cet oracle exécrable,

Dont ma crainte a pressé l'effet inévitable !

Et je me vois enfin, par un mélange affreux,

Inceste et parricide, et pourtant vertueux.

Un dieu plus fort que moi m'entraînait vers le crime ;

Sous mes pas fugitifs il creusait un abyme,

Et j'étais, malgré moi, dans mon aveuglement,

D'un pouvoir inconnu l'esclave et l'instrument.

Voilà tous mes forfaits ; je n'en connais point d'antres,

Impitoyables dieux ! mes crimes sont les vôtres,

Et vous m'en punissez !... Où suis-je ? quelle nuit

Couvre d'un voile affreux la clarté qui nous luit ?

Ces murs sont teints de sang ; je vois les Euménides

Secouer leurs flambeaux vengeurs des parricides ;

Le tonnerre en éclats semble fondre sur moi ;

L'enfer s'ouvre.... ô Laïus, ô mon père ! est-ce toi ?

Je vois, je reconnais la blessure mortelle

Que te fit dans le flanc cette main criminelle.

Punis-moi, venge-toi d'un monstre détesté,

D'un monstre qui souilla les flancs qui l'ont
porté.

Approche, entraîne-moi dans les demeures
sombres ;

J'irai de mon supplice épouvanter les ombres ;

Viens, je te suis.

(Voltaire.)

D. Achevez le récit des malheurs d'Œdipe.

R. Ce malheureux prince, saisi horreur à la vue de ses forfaits, s'arracha les yeux, et s'exila lui-même. Jocaste, son
épouse et sa mère, se pendit de désespoir. Antigone, fille,
d'Œdipe, modèle de piété filiale, servit de guide à son père
aveugle, et l'accompagna dans son exil.

Guerre de Thèbes, Étéocle et Polynice.

D. Quelle fut l'occasion de la guerre de Thèbes ?

R. Œdipe, en quittant Thèbes, avait ordonné que ses deux fils *Étéocle* et *Polynice* règneraient alternativement, chacun pendant un an. Étéocle, comme aîné, monta le premier sur le trône ; mais, quand l'année-fut finie, il ne voulut point céder la couronne à son frère. Étéocle et Polynice se firent une guerre sanglante dans laquelle toute la Grèce prit parti :

> Œdipe, en achevant sa triste destinée,
>
> Ordonna que chacun règnerait son année ;
>
> Et, n'ayant qu'un état à mettre sous vos lois,
>
> Voulut que tour à tour vous fussiez touts deux rois.
>
> A ces conditions vous daignâtes souscrire,
>
> Le sort vous appela le premier à l'empire,
>
> Vous montâtes au trône, il n'en fut point jaloux ;
>
> Et vous ne voulez point qu'il y monte après vous.
>
> (Racine.)

D. Comment se termina la guerre de Thèbes ?

R. Comme la victoire ne se déclarait pour aucun des deux partis, les deux frères s'appelèrent à un combat singulier. Ils s'entre-tuèrent l'un l'autre, en présence des deux armées. La mort même ne put éteindre leur haine implacable. Car, lorsque leurs corps furent mis sur le même bûcher pour être brûlés, la

flamme se divisa d'elle-même, et fit voir que leur mutuelle aver-
sion subsistait encore après leur trépas.

> Vous avez vu, Madame, avec quelle furie
>
> Les deux princes sortaient pour s'arracher la vie ;
>
> Que d'une ardeur égale ils fuyaient de ces lieux,
>
> Et que jamais leurs cœurs ne s'accordèrent mieux.
>
> La soif de se baigner dans le sang de leur frère
>
> Faisait ce que jamais le sang n'avait su faire :
>
> Par l'excès de leur haine ils semblaient réunis,
>
> Et prêts à s'égorger ils paraissaient amis.
>
> Ils ont choisi d'abord, pour leur champ de bataille,
>
> Un lieu près des deux camps, au pied de la muraille.
>
> C'est là que, reprenant leur première fureur,
>
> Ils commencent enfin ce combat plein d'horreur.
>
> D'un geste menaçant, d'un œil brûlant de rage,
>
> Dans le sein l'un de l'autre ils cherchent un passage ;
>
> Et, la seule fureur précipitant leurs bras,
>
> Touts deux semblent courir au-devant du trépas.
>
> ....
> ......

....
......:

... Sa douleur renouvelle sa rage, (*De Polynice.*)

Et bientôt le combat tourne à son avantage.

Le roi, frappé d'un coup qui lui perce le flanc,

Lui cède la victoire, et tombe dans son sang.

Les deux camps aussitôt s'abandonnent en proie,

Le nôtre à la douleur, et les Grecs à la joie ;

Et le peuple, alarmé du trépas de son roi,

Sur le haut de ses tours témoigne son effroi.

Polynice, tout fier du succès de son crime,

Regarde avec plaisir expirer sa victime ;

Dans le sang de son frère il semble se baigner :

« Et tu meurs, lui dit-il, et moi je vais régner.

» Regarde dans mes mains l'empire et la victoire :

» Va rougir aux enfers de l'excès de ma gloire ;

» Et pour mourir encore avec plus de regret,

» Traître, songe en mourant que tu meurs mon sujet. »

En achevant ces mots, d'une démarche fière,

Il s'approche du roi couché sur la poussière,

Et pour le désarmer il avance le bras

Le roi, qui semble mort, observe touts ses pas ;

Il le voit, il l'attend, et son âme irritée

Pour quelque grand dessein semble s'être arrêtée.

L'ardeur de se venger flatte encor ses désirs,

Et retarde le cours de ses derniers soupirs.

Près de rendre la vie, il en cache le reste,

Et sa mort au vainqueur est un piège funeste :

Et dans l'instant fatal que ce frère inhumain

Lui veut ôter le fer qu'il tenait à la main,

Il lui perce le cœur ; et son âme ravie,

En achevant ce coup, abandonne la vie.

Polynice frappé, pousse un cri dans les airs,

Et son âme en courroux s'enfuit dans les enfers.

Tout mort qu'il est, Madame, il garde sa colère ;

Et l'on dirait qu'encore il menace son frère :

Son visage où la mort a répandu ses traits,

Demeure plus terrible et plus fier que jamais.

(Racine.)

D. Que raconte-t-on d'Antigone, sœur d'Étéocle et de Polynice ?

R. Après la mort d'Étéocle et de Polynice, Créon, leur oncle, succéda à la couronne. Il fit retirer du bûcher le corps de Polynice, et lui refusa la sépulture, parce que ce prince avait armé des étrangers contre sa patrie. Mais *Antigone* revint à Thèbes, pour rendre les derniers devoirs à son frère. Créon, instruit qu'on avait transgressé ses ordres, fit veiller la nuit suivante auprès du corps. On surprit Antigone qui venait pleurer son frère. Créon la condamna à être enterrée toute vive. *Ismène*, autre sœur d'Étéocle et de Polynice, déclara qu'elle avait aidé Antigone à donner la sépulture à Polynice, et voulut subir le même supplice.

Pourquoi de vils bourreaux, dans l'empire Thébain,

Dévouant Antigone aux horreurs de la faim,

La plongent-ils vivante en une grotte obscure ?

C'est qu'à son frère mort donnant la sépulture,

Sa main religieuse à la tombe a remis

Ces restes qu'aux vautours la haine avait promis.

Elle savait la loi qui la mène au supplice ;

Mais elle n'a rien vu que son cher Polynice

Qui, privé du tombeau, réclamait son appui,

Et, pour l'ensevelir, elle meurt avec lui.

(Legouvé.)

PÉLOPS.

D. Racontez l'histoire de Pélops.

R. Pélops, fils de Tantale, demanda la main d'Hippodamie, fille d'Œnomaüs, roi d'Élide et de Pise. Œnomaüs aimait tellement sa fille, qu'il ne pouvait se résoudre à s'en séparer. Afin d'écarter les prétendants, il proposait Hippodamie pour prix à celui qui le vaincrait à la course, mais à condition que le vaincu serait mis à mort. Il vainquit, et tua jusqu'à treize concurrents. Pélops se présenta le quatorzième. Neptune, qui l'aimait, lui avait donné des chevaux ailés. Pélops gagna d'ailleurs Myrtile, cocher d'Œnomaüs, et l'engagea à ôter la clavette qui tenait les roues. Le char d'Œnomaüs fut renversé, et ce prince se cassa la tête ; Pélops resta possesseur d'Hippodamie. Il étendit beaucoup ses états, qui prirent de lui le nom de *Péloponèse*.

D. Quels furent les enfants de Pélops et d'Hippodamie ?

R. Pélops et Hippodamie eurent un grand nombre d'enfants, parmi lesquels on distingue sur-tout *Atrée* et *Thyeste*. Ces deux frères sont fameux par les outrages qu'ils se firent l'un à l'autre. Thyeste séduisit Érope, femme d'Atrée ; il se déroba par la fuite à la fureur de son frère. Atrée feignit d'être disposé à pardonner à Thyeste l'injure qu'il en avait reçue. Il l'invita à un festin, où les deux frères devaient se jurer une amitié réciproque. Thyeste avait eu deux fils, de son commerce avec Erope. Atrée fit mettre ces enfants à mort, et en servit les membres à son frère. Les poètes disent que le soleil recula d'horreur, à la vue de cet abominable festin. Thyeste, transporté de rage, trouva un vengeur dans un fils qu'il avait eu d'une union incestueuse. Ce fils, exposé dans un bois, par ordre de Thyeste, fut sauvé par un berger qui le fit nourrir par une chèvre. C'est de là qu'il fut appelé *Egisthe*. Reconnu par son père, il se chargea de faire périr Atrée, et prit le temps d'un sacrifice pour l'assassiner. Egisthe, dans la suite, donna la mort à Agamemnon, fils d'Atrée, lorsque ce prince revenait de la guerre de Troie.

GUERRE DE TROIE.

D. Par qui fut fondée la ville de Troie ?

R. Cette ville célèbre de l'Asie-Mineure, fut fondée sur le bord de la mer, par *Dardanus*, qui l'appela Dardanie. *Tros*, petit-fils de Dardanus, et troisième roi de Dardanie, donna son nom à la ville, fils de Tros, succéda à son père, et voulut que Troie se nommât *Ilium*. Ilus eut pour successeur *Laomédon*, son fils, qui environna Troie de sortes murailles. Hercule ôta le royaume et la vie à Laomédon, et emmena son fils prisonnier. Mais ce fils, ayant été racheté par les Troyens, reçut le nom de *Priam*, mot qui, dans la langue phrygienne, signifie *racheté* ; il s'appelait auparavant *Podarcès*. Quand Priam eut pris la place de son père, il fortifia la ville de tours et de citadelles. Et, comme touts les lieux élevés s'appelaient alors *Pergame*, c'est pour cela que la ville de Troie fut aussi nommée *Pergame*.

D. Quelle fut la cause de la guerre de Troie ?

R. Pâris, fils de Priam, fut envoyé par son père, à Salamine, pour se faire rendre *Hésione*, fille de Laomédon. Cette princesse avait été enlevé par Hercule, qui l'avait donnée en mariage à Télamon, roi de Salamine. Pâris arriva à Sparte, où il fut reçu par le roi Ménélas, frère d'Agamemnon. Ménélas ayant un voyage à faire en Crète, laissa Pâris dans son palais pendant son absence. Le prince troyen se fit aimer d'*Hélène*, épouse de Ménélas, et fille de Jupiter et de Léda. Hélène s'enfuit avec Pâris à Troie. Priam approuva la conduite de son fils, et crut avoir un moyen de faire un échange d'Hésione avec Hélène. Mais l'événement trompa son attente. Les princes grecs refusèrent de rendre Hésione ; et, ayant fait entr'eux une ligue puissante, ils vinrent, les armes à la main, redemander Hélène devant Troie, qu'ils tinrent assiégée pendant dix ans, et qu'ils détruisirent enfin entièrement.

D. Quelles sont les fatalités auxquelles la prise de Troie était attachée ?

R. Les poètes ont prétendu que la prise de Troie était attachée à certains événements qui devaient être accomplis avant que les Grecs se rendirent maîtres de cette ville. On compte six fatalités dont dépendait la ruine de Troie.

1°. Il était nécessaire qu'un descendant d'Eaque vînt au siège de la ville ; et ce descendant était *Achille*, né de la déesse Thétis et de Pélée, fils d'Eaque.

2°. Il fallait avoir les flèches d'Hercule. Ces flèches, teintes du sang de l'hydre, avaient été enfermées dans le tombeau d'Hercule ; et *Philoctète* s'était engagé par serment, à ne jamais révéler le lieu de la sépulture du héros auquel il avait rendu les derniers devoirs.

3°. Il fallait enlever le *palladium*. C'était une statue de Minerve, qu'on prétendait être descendue du ciel, et s'être placée d'elle-même sur l'autel. On dit qu'elle roulait toujours les yeux, et remuait de temps en temps la lance qu'elle tenait à la main. Le palladium fut enlevé par Diomède et Ulysse.

4°. Il fallait empêcher que les chevaux de Rhésus ne bussent de l'eau du Xanthe ; *Rhésus* était un roi de Thrace, qui ne vint au secours de Troie que la dixième année du siège. Il arriva de nuit, et campa près de Troie, pour y entrer le lendemain matin. Mais, Diomède et Ulysse surprirent son camp, tuèrent Rhésus pendant son sommeil, et emmenèrent ses chevaux.

5°. Troie ne pouvait être prise pendant la vie de Troïle, fils de Priam. Ce prince fut tué par Achille. On comprend dans la cinquième fatalité la ruine du tombeau de Laomédon, qui était sur la porte de Scée. Les Troyens détruisirent eux-mêmes le tombeau, en faisant une brèche pour introduire dans la ville le fameux cheval de bois.

6°. Les Grecs ne pouvaient prendre Troie, s'ils n'avaient dans leur armée un fils d'Hercule. Ce fils d'Hercule était Télèphe, roi de Mysie. Les Grecs avaient ravagé les terres des Mysiens, et Achille avait blessé Télèphe. Un oracle déclara que la blessure ne serait guérie que par la main même qui l'avait faite. Achille, regardant Télèphe comme son ennemi, lui refusait ses secours. Mais Ulysse trouve moyen de lever cette difficulté. Il prit de la rouille qui se trouvait à la lance d'Achille, et l'ayant appliquée à la place du roi de Mysie, il le guérit, et l'amena devant Troie.

D. Par quelle ruse les Grecs s'emparèrent-ils de Troie ?

R. A la fin de la dixième année, les Grecs, lassés d'un si long siège, et rebutés de tant d'attaques infructueuses, eurent recours à un stratagème. Ils construisirent, d'après les avis de Pallas, un cheval énorme, haut comme une montagne, composé de planches de sapin artistement jointes ensemble, et ils publièrent que c'était une offrande qu'ils consacraient à Minerve, pour obtenir un heureux retour. On tira ensuite au sort les noms des soldats qui devaient être renfermés dans les flancs de ce cheval. Les Grecs feignirent de partir, et se retirèrent à l'île de Ténédos, qui est vis-à-vis Troie. Les Troyens, se croyant délivrés de leurs ennemis, se livrèrent à la joie, abattirent une partie de leurs murailles, et traînèrent le cheval dans la ville. La nuit suivante, pendant que tout le monde dormait profondément, le traître *Sinon* ouvrit les flancs du cheval, et en fit sortir les Grecs qui y étaient cachés. Les autres Grecs, étant revenus de Ténédos pendant la nuit, entrèrent dans Troie par la brèche que les habitants avaient faite, et bientôt cette malheureuse ville lut livrée aux flammes. La ruine de Troie eut lieu 1209 ans avant J.-C.

Énée raconte ainsi à Didon la prise de Troie.

Reine ! de ce grand jour faut-il troubler les charmes,

Et rouvrir à vos yeux la source de nos larmes ;

Vous raconter la nuit, l'épouvantable nuit

Qui vit Pergame en cendre, et son règne détruit ;

Ces derniers coups du sort, ce triomphe du crime,

Dont je fus le témoin, hélas ! et la victime ?...

O catastrophe horrible ! ô souvenir affreux !

Hélas ! en écoutant ces récits douloureux,

D'Ulysse, de Pyrrhus, auteurs de nos alarmes,

Quel barbare soldat ne répandrait des larmes ?...

La nuit tombe ; et, déjà les célestes flambeaux,

Penchant vers leur déclin, invitent au repos...

Mais, si de nos malheurs vous exigez l'histoire,

S'il faut en rappeler l'affligeante mémoire,

Quoiqu'au seul souvenir de ces scènes d'horreur

Mon cœur épouvanté recule de terreur,

J'obéis. Rebutés par dix ans de batailles,

Las de languir sans fruit au pied de nos murailles,

Las de voir par le sort, leurs assauts repoussés,

Les Grecs, courbant des ais avec art enchâssés.

D'un cheval monstrueux en forment l'édifice :

Pallas leur inspira ce fatal artifice.

C'est un vœu, disaient-ils, pour un retour heureux.

On le croit. Cependant, en ses flancs ténébreux

Ils cachent des guerriers, et de ses antres sombres

Une élite intrépide ose habiter les ombres.

Un île, *Ténédos* est ton antique nom,

S'élève au sein des mers, à l'aspect d'ilion.

Avant nos longs malheurs, qui sont tombés
sur elle,

Son port fut florissant ; mais sa rade infidèle

N'offre plus qu'un abri peu propice au no-
cher.

Là, sur des bords déserts les Grecs vont se
cacher.

Nous les croyons partis ; sur les liquides
plaines

Nous croyons que le vent les remporte à
Mycènes :

Enfin, nous respirons ; enfin, après dix ans,

Ilion d'un long deuil affranchit ses enfants.

Le libre citoyen ouvre toutes ses portes,

Vole aux lieux où des Grecs ont campé les
cohortes.

On aime à voir ces champs témoins de nos
revers,

Ces camps abandonnés, ces rivages déserts.

De cent fameux combats on recherche la
trace ;

Ici le fier Pyrrhus signalait son audace ;

Là le fils de Thétis rangeait ses bataillons ;

Ici c'était leur flotte, et là leurs pavillons.

Plusieurs, pressés autour de ce colosse
énorme,

Admirent sa hauteur, et sa taille et sa forme.

Thimète le premier, soit lâche trahison,

Soit qu'ainsi l'ordonnât le destin d'Ilion,

Des Grecs favorisant la perfide entreprise,

Dans nos murs aussitôt prétend qu'on l'introduise.

Mais les plus éclairés, se défiant des Grecs,

Veulent que, sans tarder, ces présents trop suspects

Soient livrés à la flamme ou plongés dans les ondes,

Ou qu'on en fouille, au moins, les cavités profondes.

....
......

....
......

Recélant dans son sein l'appareil des batailles,

La masse énorme avance et franchit nos murailles ;

Un chœur nombreux d'enfants en chantant la conduit,

Et se plaît à toucher les câbles qu'elle suit.

Elle entre enfin, elle entre en menaçant la ville.

O Troie ! ô ma patrie ! ô vénérable asile !

Murs peuplés de héros ! murs bâtis par les dieux !

Quatre fois près d'entrer, le colosse odieux

S'arrête ; quatre fois on entend un bruit d'armes.

Cependant, ô délire ! on poursuit sans alarmes,

Et dans nos murs enfin, par un zèle insensé,

L'auteur de leur ruine en triomphe est placé.

C'est peu : pour mieux encore assurer sa victoire,

Cassandre, qu'Apollon nous défendait de croire,

Rend des oracles vains que l'on écoute pas ;

Et nous, nous malheureux qu'attendait le trémas,

Nous rendions grâce aux dieux ; et notre aveugle joie

Faisait fumer l'encens dans les temples de Troie.

L'Olympe cependant, dans son immense tour,

A ramené la nuit triomphante du jour ;

Déjà, du fond des mers jetant ses vapeurs sombres

Avec ses noirs habits et ses muettes ombres,

Elle embrasse le monde ; et ses lugubres mains

D'un grand voile ont couvert les travaux des humains,

Et la terre, et le ciel, et les Grecs, et leur trame.

Un silence profond règne au loin dans Pergame :

Tout dort. De Ténédos leurs nefs partent sans bruit,

La lune en leur faveur laisse régner la nuit ;

L'onde nous les ramène, et la torche fatale

A fait briller ses feux sur la poupe royale.

A cet aspect, *Sinon*, que le ciel en courroux,

Qu'une folle pitié protégea contre nous,

Aux Grecs impatients ouvre enfin la barrière.

Dans l'ombre de la nuit la machine guerrière

Rend cet affreux dépôt ; et de son vaste sein

S'échappe avec transport un formidable essaim.

Déjà, de leur prison empressés de descendre,

Glissent le long d'un câble Ulysse avec Thessandre,

Ils sont bientôt suivis de Pyrrhus, de Thoas,

Du savant Machaon, du bouillant Acamas,

De Sthénélus, d'Atride, et d'Epéus lui-même,

Epéus, l'inventeur de l'affreux stratagème.

Ils s'emparent de Troie ; et, les vapeurs du vin

Et la paix du sommeil secondant leur dessein,

Ils massacrent la garde, ouvrent toutes les portes,

Et la mort dans nos murs entre avec leurs cohortes.

(Énéide de Virgile, trad. de M. Delille.)

D. Quels furent les principaux chefs de l'armée grecque ?

R. Ce furent *Agamemnon* et *Ménélas*, qu'on appelait les *Atrides* ; *Achille* ; *Patrocle*, son ami ; *Pyrrhus*, son fils ; les deux *Ajax* ; *Diomède* ; *Philoctète* ; *Ulysse, Nestor* ; *Calchas*, très-habile devin ; *Epéus*, excellent ingénieur qui fabriqua le fameux cheval de bois ; *Machaon* et *Podalire*, célèbres médecins, fils d'Esculape ; etc.

D. Quels furent les chefs des Troyens ?

R. Priam ; *Hector* ; *Pâris* ; *Memnon*, fils de Tithon et de l'Aurore ; *Penthésilée*, reine des Amazones ; *Rhésus*, roi de Thrace ; *Sarpédon*, fils de Jupiter ; *Enée* ; *Laocoon* ; etc.

Nous allons faire connaitre plus particulièrement les principaux d'entre les Grecs ; nous parlerons ensuite des principaux Troyens.

Personnages célèbres de l'armée grecque.

Agammemnon et Ménélas.

D. De qui les deux frères Agamemnon et Ménélas étaient-ils fils ?

R. Ces deux princes avaient pour père *Plisthène*, un des fils de Pélops. Plisthène, en mourant, recommanda ses deux fils encore jeunes à son frère Atrée, qui les fit élever comme ses propres enfants. C'est ce qui leur fit donner le nom d'*Atrides*.

Agamemnon fut chassé du trône d'Argos et de Mycènes par Thyeste, son oncle, et obligé de se retirer à Sparte, ou régnait *Tyndare*. Le roi de Sparte avait marié sa fille Clytemnestre à Tantale, fils de Thyeste. Mécontent de cette alliance, il offrit à Agamemnon de l'aider à recouvrer son royaume sur Thyeste, et à enlever sa fille à Tantale, à condition de l'épouser lui-même. Le prince accepta l'offre, et, avec le secours de Tyndare, reprit ses états sur Thyeste, tua Tantale, et épousa Clytemnestre dont il eut deux filles, *Iphigénie* et *Electre*, et un fils nommé *Oreste*.

D. Quelle princesse Ménélas prit-il pour épouse ?

R. Il épousa la belle *Hélène*, sœur de Clytemnestre, et succéda à son beau-père Tyndare, dans le royaume de Sparte. Lorsqu'Hélène eut été enlevée par Pâris, Ménélas, outré de cet affront, arma toute la Grèce pour venger son injure. Après la prise de Troie, les Grecs remirent Hélène entre les mains de Ménélas, et le laissèrent maître de la destinée de cette épouse infidèle. Ménélas était décidé à l'immoler à son ressentiment et aux manes de ceux qui avaient péri dans la guerre de Troie. Mais il se laissa fléchir par le repentir de sa femme ; il se réconcilia de bonne foi avec elle, et la ramena à Sparte.

D. Quel chef élurent les rois Grecs, ligués contre la ville de Troie ?

R. Ils mirent à leur tête Agamemnon. La flotte combinée se rassembla dans l'Elide, où elle fut long-temps retenue par des vents contraires. Le devin *Calchas* déclara que Diane, irritée contre le roi d'Argos de ce qu'il avait tué une biche qui lui était consacrée, refusait aux Grecs un vent favorable, et que la déesse ne pouvait être apaisée que par le sang d'une princesse de la famille d'Agamemnon. Le roi hésita long-temps, et accorda enfin sa fille aux sollicitations des princes confédérés. Ulysse s'offrit pour l'aller retirer, sous quelque prétexte spécieux, d'entre les bras de sa mère. On disposa tout pour le sacrifice ; mais Diane, apaisée par cette soumission, mit à la place d'Iphigénie une biche qui lui fut immolée, et transporta cette princesse dans la Tauride, pour en faire sa prêtresse.

Dans la tragédie d'*Iphigénie en Aulide*, par Racine, Agamemnon attend sa fille à l'autel pour l'immoler aux dieux. Mais, comme elle tarde trop long-temps à paraitre, il vient lui-même la demander. Il la trouve avec sa mère, qui l'avait retenue auprès d'elle. Ne croyant point que Clytemnestre et sa fille soient instruites du sacrifice qui se prépare, il presse Iphigénie de se rendre à l'autel, sous prétexte de l'unir à Achille. Mais il ne peut se méprendre aux larmes que laissent échapper les princesses. "« Arcas, s'écrie-t-il, Arcas, tu m'as trahi. »"

Iphigénie, à Agamemnon.

.... Mon père,

Cessez de vous troubler, vous n'êtes point trahi :

Quand vous commanderez, vous serez obéi.

Ma vie est votre bien ; vous voulez le reprendre ;

Vos ordres, sans détours, pouvaient se faire entendre ;

D'un œil aussi content, d'un cœur aussi soumis,

Que j'acceptais l'époux que vous m'aviez promis,

Je saurai, s'il le faut, victime obéissante

Tendre au fer de Calchas une tête innocente ;

Et, respectant le coup par vous-même ordonné,

Vous rendre tout le sang que vous m'avez
donné.

Si pourtant ce respect, si cette obéissance,

Parait digne à vos yeux d'une autre récompense ;

Si d'une mère en pleurs vous plaignez les
ennuis,

J'ose vous dire ici, qu'en l'état ou je suis,

Peut-être assez d'honneurs environnaient
ma vie,

Pour ne pas souhaiter qu'elle me fût ravie,

Ni qu'en me l'arrachant, un sévère destin,

Si près de ma naissance, en eût marqué la
fin.

Fille d'Agamemnon, c'est moi qui, la première,

Seigneur, vous appelai de ce doux nom de
père ;

C'est moi qui, si long-temps le plaisir de vos
yeux,

Vous ai fait de ce nom remercier les dieux,

Et pour qui, tant de fois prodiguant les caresses,

Vous n'avez point du sang dédaigné les fai-
blesses.

Hélas ! avec plaisir je me faisais conter

Touts les noms des pays que vous allez
dompter.

Et, déjà d'Ilion présageant la conquête,

D'un triomphe si beau je préparais la fête.

Je ne m'attendais pas que, pour le commencer,

Mon sang fût le premier que vous dussiez verser ;

Non que la peur du coup dont je suis menacée,

Me fasse rappeler votre honte passée ;

Ne craignez rien : mon cœur, de votre honneur jaloux,

Ne fera point rougir un père tel que vous ;

Et, si je n'avais eu que ma vie à défendre,

J'aurais su renfermer un souvenir si tendre

Mais à mon triste sort, vous le savez, Seigneur,

Une mère, un amant, attachaient leur bonheur.

Un roi digne de vous a cru voir la journée

Qui devait éclairer notre illustre hyménée.

Déjà, sûr de mon cœur à sa flamme promis,

Il s'estimait heureux ; vous me l'aviez permis ;

Il sait votre dessein, jugez de ses alarmes.

Ma mère est devant vous, et vous voyez ses larmes.

Pardonnez aux efforts que je viens de tenter,

Pour prévenir les pleurs que je leur vais coûter.

Agamemnon.

Ma fille, il est trop vrai ; j'ignore pour quel crime

La colère des dieux demande une victime.

Mais ils vous ont nommée. Un oracle cruel

Veut qu'ici votre sang coule sur un autel.

Pour défendre vos jours de leurs lois meurtrières,

Mon amour n'avait pas attendu vos prières.

Je ne vous dirai point combien j'ai résisté ;

Croyez-en cet amour par vous-même attesté.

Cette nuit même encore, on a pu vous le dire,

J'avais révoqué l'ordre où l'on me fit souscrire ;

Sur l'intérêt des Grecs vous l'aviez emporté.

Je vous sacrifiais mon rang, ma sûreté.

Arcas allait du camp vous défendre l'entrée.

Les dieux n'ont pas voulu qu'il vous ait rencontrée,

Ils ont trompé les soins d'un père infortuné,

Qui protégeait en vain ce qu'ils ont condamné,

Ne vous assurez point sur ma faible puissance :

Quel frein pourrait d'un peuple arrêter la licence.

Quand les dieux, nous livrant à son zèle indiscret,

L'affranchissent d'un joug qu'il portait à regret ?

Ma fille, il faut céder ; votre heure est arrivée.

Songez bien dans quel rang vous êtes éle-
vée.

Je vous donne un conseil qu'à peine je re-
çois ;

Du coup qui vous attend vous mourrez
moins que moi.

Montrez, en expiant, de qui vous êtes née ;

Faites rougir ces dieux qui vous ont con-
damnée.

Allez, et que les Grecs, qui vous vont immoler,

Reconnaissent mon sang en le voyant couler.

Clytemnestre, *à Agamemnon.*

Vous ne démentez point une race funeste ;

Oui, vous êtes le sang d'Atrée et de Thyeste ;

Bourreau de votre fille, il ne vous reste enfin

Que d'en faire à sa mère un horrible festin.

Barbare ! c'est donc là cet heureux sacrifice

Que vos soins préparaient avec tant d'artifice ?

Quoi ! l'horreur de souscrire à cet ordre inhumain

N'a pas, en le traçant, arrêté votre main ?

Pourquoi feindre à nos yeux une fausse tristesse ?

Pensez-vous par des pleurs prouver votre
tendresse ?

Où sont-ils ces combats que vous avez rendus ?

Quels flots de sang pour elle, avez-vous répandus ?

Quel débris parle ici de votre résistance ?

Quel champ, couvert de morts, me condamne au silence ?

Voilà par quels témoins il fallait me prouver,

Cruel, que votre amour a voulu la sauver.

Un oracle fatal ordonne qu'elle expire ;

Un oracle dit-il tout ce qu'il semble dire ?

Le ciel, le juste ciel, par le meurtre honoré,

Du sang de l'innocence est-il donc altéré ?

Si du crime d'Hélène on punit sa famille,

Faites chercher à Sparte Hermione sa fille ;

Laissez à Ménélas racheter d'un tel prix

Sa coupable moitié dont il est trop épris.

Mais vous, quelles fureurs vous rendent sa victime ?

Pourquoi vous imposer la peine de son crime ?

Pourquoi moi-même, enfin, me déchirant le flanc,

Payer sa folle amour du plus pur de mon sang ?

Que dis-je ? Cet objet de tant de jalousie,

Cette Hélène, qui trouble et l'Europe et l'Asie,

Vous semble-t-elle un prix digne de vos exploits ?

Combien nos fronts, pour elle, ont-ils rougi de fois ?

Avant qu'un nœud fatal l'unît à votre frère,

Thésée avait osé l'enlever à son père ;

Vous savez, et Calchas mille fois vous l'a dit,

Qu'un hymen clandestin mit ce prince en son lit ;

Et qu'il en eut pour gage une jeune princesse

Que sa mère a cachée au reste de la Grèce.

Mais non, l'amour d'un frère, et son honneur blessé

Sont les moindres des soins dont vous êtes pressé.

Cette soif de régner, que rien ne peut éteindre,

L'orgueil de voir vingt rois vous servir et vous craindre.

Touts les droits de l'empire en vos mains confiée,

Cruel ! c'est à ces dieux que vous sacrifiez ;

Et, loin de repousser le coup qu'on vous prépare,

Vous voulez vous en faire un mérite barbare :

Trop jaloux d'un pouvoir qu'on peut vous envier,

De votre propre sang vous courez le payer,

Et voulez, par ce prix, épouvanter l'audace

De quiconque vous peut disputer votre place !...

Est-ce donc être père ? Ah ! toute ma raison

Cède à la cruauté de cette trahison.

Un prêtre, environné d'une foule cruelle,

Portera sur ma fille une main criminelle !

Déchirera son sein, et d'un œil curieux,

Dans son cœur palpitant consultera les dieux !

Et moi, qui l'amenai, triomphante, adorée,

Je m'en retournerai seule et désespérée !

Je verrai les chemins encor tout parfumés

Des fleurs dont sous ses pas on les avait semés !

Non, je ne l'aurai point amenée au supplice ;

Ou vous ferez aux Grecs un double sacrifice.

Ni crainte, ni respect ne peut m'en détacher,

De mes bras tout sanglants il faudra l'arracher.

Aussi barbare époux qu'impitoyable père,

Venez, si vous l'osez, la ravir à sa mère.

D. Par quels exploits les Atrides se signalèrent-ils devant Troie ?

R. Agamemnon ne montra, dans le camp des Grecs, qu'une âme également orgueilleuse et faible. Sa querelle scandaleuse et bruyante avec Achille retarda la chute de Troie. Ménélas déploya un brillant courage. Il se battit en combat singulier contre Pâris, et le vainquit. Le ravisseur d'Hélène allait périr, lorsque Vénus, sa protectrice, l'enveloppa d'un nuage, et le déroba à la vengeance de Ménélas. Pâris, rentré dans Troie, reçut des reproches de tout le monde sur sa lâcheté, et n'échappa même pas aux railleries d'Hélène, son épouse.

D. Comment mourut Agamemnon ?

R. Agamemnon, de retour à Mycènes, après la prise de Troie, tomba sous le fer de Clytemnestre sa femme, et d'Egysthe, qui en était l'amant.

… Agamemnon, vainqueur de tant de rois,

Revenait triomphant jouir de ses exploits.

Egysthe, en son absence ayant séduit la reine,

De ses amours furtifs appréhendant la peine,

Au sein de ce grand roi, digne d'un sort plus beau,

Inspira Clytemnestre à porter le couteau,

Prétextant, pour couvrir sa lâche perfidie,

Qu'elle vengeait sur lui le sang d'Iphigénie.

(La Grange-Chancel.)

D. Quel fut le sort de la famille d'Agamemnon ?

R. La sensible *Electre*, sa fille, ne cessa de pleurer la mort de son père. Elle sauva son frère *Oreste* de la fureur d'Egysthe qui voulait le faire périr. Oreste vengea la mort de son père Agamemnon, en tuant Egysthe, et même Clytemnestre, sa propre mère. Depuis ce parricide, il fut tourmenté par les *Furies* qui lui représentaient continuellement l'horreur de son crime.

Oreste, à Palamède.

…………………………… Laisse-moi.

Je ne veux rien, cruel, d'Électre, ni de toi !

Votre cœur affamé de sang et de victimes,

M'a fait souiller ma main du plus affreux des crimes.

Mais quoi ! quelle vapeur vient obscurcir les airs ?

Grâce au ciel, on m'entr'ouvre un chemin aux enfers !

Descendons, les enfers n'ont rien qui m'épouvante ;

Suivons le noir sentier que le sort me présente ;

Cachons-nous dans l'horreur de l'éternelle nuit.

Quelle triste clarté dans ce moment me luit ?

Qui ramène le jour dans ces retraites sombres ?

Que vois-je ? mon aspect épouvante les ombres !

Que de gémissements ! que de cris douloureux !

« Oreste !... » Qui m'appelle en ce séjour affreux !

Egysthe ! ah ! c'en est trop, il faut qu'à ma colère...

Que vois-je ! dans ses mains la tête de ma mère !

Quels regards ! où fuirai-je ? ah ! monstre furieux,

Quel spectacle oses-tu présenter à mes yeux ?

Je ne souffre que trop ; monstre cruel, arrête !

A mes yeux effrayés dérobe cette tête.

Oh ! ma mère ! épargnez votre malheureux fils.

Ombre d'Agamemnon, sois sensible à mes
cris ;

J'implore ton secours, chère ombre de mon
père ;

Viens défendre ton fils des fureurs de sa
mère ;

Prends pitié de l'état où tu me vois réduit

Quoi ! jusque dans tes bras la barbare me
suit !

C'en est fait ; je succombe à cet affreux supplice :

Du crime de ma main mon cœur n'est point
complice ;

J'éprouve cependant des tourments infinis.

Dieux ! les plus criminels seraient-ils plus
punis ?

(Crébillon.)

D. Que fit Oreste pour être délivré de la poursuite des Furies ?

R. Il consulta l'oracle d'Apollon, qui lui répondit qu'il devait
aller en Tauride enlever la statue de Diane, et délivrer sa sœur
Iphigénie. *Pylade*, fils de Strophius, roi de Phocide, lié d'une
étroite amitié avec Oreste, voulut accompagner ce prince dans
son voyage. Mais, ayant été surpris touts deux, ils furent chargés
de chaînes pour être immolés à Diane. Thoas, roi de la Tauride,
consentit à sauver l'un des deux étrangers. Ce fut alors qu'il
s'éleva une dispute célèbre entre Oreste et Pylade : l'un voulait
mourir pour l'autre. Le sort tomba sur Oreste ; mais, au moment
qu'Iphigénie allait le frapper, elle le reconnut pour son frère.
Oreste et Pylade tuèrent Thoas, pour le punir de ses cruautés,
enlevèrent la statue de Diane, et revinrent dans la Grèce avec
Iphigénie. Oreste donna sa sœur Électre en mariage à Pylade ;

ensuite il épousa Hermione, fille de son oncle Ménélas, et joignit au royaume de Mycènes celui de Sparte.

Achille et Philoctète.

D. De qui naquit Achille ?

R : Achille était fils de Thétis et de Pelée. Il fut élevé par le centaure Chiron qui ne le nourrit que de moëlle de lion. Sa mère le plongea dans le Styx, pour le rendre invulnérable. Mais le talon par où elle le tenait, ne reçut point la même vertu que les autres parties de son corps. Thétis, instruite par les oracles, que Troie ne pouvait être prise sans le secours de son fis, et que le jeune héros périrait sous les murs de cette ville, l'envoya en habits de fille, et sous le nom de *Pyrrha*, à la cour de Lycomède, roi de Scyros. Achille se fit aimer de Déidamie, fille de Lycomède, et en eut un fils nommé *Pyrrhus*.

D. Comment Achille fut-il amené au siège de Troie ?

R. Ulysse, déguisé en marchand, se rendit à la cour de Lycomède. Il avait mêlé des armes parmi les bijoux qu'il devait présenter aux dames. Achille se saisit des armes, et se trahit ainsi lui-même. Il suivit Ulysse avec joie, et Thétis fut contrainte de le laisser partir. Mais elle lui fit faire auparavant des armes d'une excellente trempe par Vulcain.

D. Racontez-nous la querelle d'Agamemnon et d'Achille devant Troie.

R. Achille, dans le sac de Lyrnesse, avait pris Chryséis, fille de Chrysès, grand-prêtre d'Apollon. Cette jeune captive échut en partage à Agamemnon. Chrysès, revêtu de ses ornements sacerdotaux, vint redemander sa fille, qui lui fut refusée. Apollon, à la prière de son grand-prêtre, désola le camp des Grecs par la peste. Calchas déclara que la contagion ne cesserait que quand Chryséis aurait été rendue à son père. Achille pressa vivement Agamemnon de délivrer les Grecs du terrible fléau qui dépeuplait leur camp. Le roi de Mycènes ne rendit Chryséis que malgré lui, et, pour se venger d'Achille qui l'obligeait à faire ce sacrifice, il fit enlever à ce prince la jeune Briséis, qu'Achille aimait passionnément. Le fils de Thétis, outré de l'affront qu'il recevait, jura de ne plus combattre pour la cause commune. En effet, il se retira dans sa tente, et pendant près d'une année il ne prit plus aucune part à la guerre.

D. Quel événement décida Achille à reprendre les armes contre les Troyens ?

R. Patrocle, lié d'une étroite amitié avec Achille, ne put voir tranquillement les Troyens remporter des avantages continuels sur les Grécs. Il demanda à son ami de lui prêter du mains ses armes, et de lui permettre de conduire les Thessaliens contre les Troyens. Achille y consentit. Patrocle prit donc les armes du fils de Thétis, et réimporta de grands avantages sur les assiégés. Mais Hector s'avança pour le combattre, et lui donna la mort. Achille, pour venger son ami, retourna au combat, défit Hector, et le tua. Pour assouvir sa colère, il lia son ennemi par les talons à son char, et le traîna trois fois autour des murs de Troie. Priam vint redemander le corps de son fils à son vainqueur, pour lui rendre les honneurs de la sépulture. Achille se laissa fléchir par les larmes dès ce malheureux père, et lui rendit le cadavre d'Hector.

Priam aux pieds d'Achille.

L'horizon se couvrait des ombres de la nuit,

L'infortuné vieillard qu'un dieu même a conduit,

Entre et parait soudain dans la tente d'Achille.

Le meurtrier d'Hector, en ce moment, tranquille,

Par un léger repas suspendait ses douleurs.

Il se détourne, il voit, les yeux baignés de pleurs,

Ce roi jadis heureux, ce vieillard vénérable,

Que le fardeau des ans, que la douleur accable,

Exhalant à ses pieds ses sanglots et ses cris,

Et lui baisant la main qui fit périr son fils.

Il n'osait sur Achille encor jeter la vue ;

Il voulait lui parler, et sa voix s'est perdue.

Enfin, il le regarde, et parmi les sanglots,

Tremblant, pâle et sans force, il prononce ces mots ;

« Songez, Seigneur, songez que vous avez un père... »

Il ne put achever. Le héros sanguinaire

Sentit que la pitié pénétrait dans son cœur.

Priam lui prend les mains : « Ah ! Prince, ah ! mon vainqueur !

» J'étais père d'Hector, et ses généreux frères

» Flattaient mes derniers jours et les rendaient prospères.

» Ils ne sont plus : Hector est tombé sous vos coups...

» Puisse l'heureux Pélée entre Thétis et vous

» Prolonger de ses ans l'éclatante carrière !

» Le seul nom de son fils remplit la terre entière ;

» Ce nom fait son bonheur autant que son appui ;

» Vos honneurs sont les siens, vos lauriers sont à lui.

» Hélas ! tout mon bonheur et toute mon attente

» Est de voir de mon fils la dépouille sanglante,

» De racheter de vous ces restes mutilés,

» Traînés devant mes yeux sous nos murs désolés ;

» Voilà le seul espoir, le seul bien qui me reste.

» Achille, accordez-moi cette grâce funeste,

» Et laissez-moi jouir de ce spectacle affreux ! »

Le héros, qu'attendrit ce discours douloureux,

Aux larmes de Priam répondit par des larmes.

« Touts nos jours sont tissus de regrets et d'alarmes,

» Lui dit-il ; par mes mains les dieux vous ont frappé :

» Dans le malheur commun moi-même enveloppé,

» Mourant avant le temps, loin des yeux de mon père,

» Je teindrai de mon sang cette terre étrangère.

» J'ai vu tomber Patrocle ; Hector me l'a ravi :

» Vous perdez votre fils, et je perds un ami. »

(Voltaire.)

D. Comment mourut Achille ?

R. Achille, pendant une trêve, avait vu *Polyxène*, fille de Priam, et en était devenu amoureux. Il la fit demander en mariage, et elle lui fut accordée. On choisit pour le lieu de la cérémonie un temple d'Apollon, qui était entre la ville de Troie et le camp des Grecs. A peine était-on assemblé, que le lâche Pâris lança une flèche empoisonnée dans le talon d'Achille. Le héros mourut sur le champ. Apollon, dit-on, avait dirigé la flèche. Polyxène fut inconsolable d'avoir été la cause innocente de la mort d'un guerrier qu'elle aimait. Après la prise de Troie, les Grecs immolèrent cette princesse sur le tombeau d'Achille.

245

PYRRHUS.

D. Faites-nous connaitre les principaux faits de Pyrrhus.

R. Pyrrhus, fils d'Achille et de Déidamie, fut élevé à la cour du roi Lycomède. Après la mort d'Achille, les Grecs, qui avaient appris de l'oracle, que Troie ne pouvait être prise, si les assiégeants n'avaient avec eux un descendant d'Éaque, envoyèrent à Scyros chercher Pyrrhus qui n'avait alors que dix-huit ans. A peine fut-il arrivé devant Troie, qu'on le chargea d'aller à Lemnos pour engager Philoctète à venir au camp des Grecs avec les flèches d'Hercule. Ce fut Pyrrhus qui tua le malheureux Priam, qui précipita le jeune Astyanax, fils d'Hector, du haut d'une tour, et qui demanda Polyxène pour l'immoler aux manes d'Achille.

D. Quelle princesse échut à Pyrrhus, dans le partage des esclaves troyens ?

R. Ce fut *Andromaque*, veuve d'Hector. Pyrrhus l'aima jusqu'à la préférer à son épouse *Hermione*, fille de Ménélas et d'Hélène. Cet amour fut cause de la mort de Pyrrhus. Car ce prince étant allé à Delphes, pour offrir un sacrifice à Apollon, fut tué dans le temple même par Oreste. Hermione, transportée de jalousie, avait excité à ce meurtre Oreste dont elle avait été aimée autrefois, et auquel il avait promis de l'épouser, s'il voulait la venger.

Scène entre Oreste et Hermione,

(Dans la tragédie d'Andromaque, par Racine.)

Oreste.

Madame, c'en est fait, et vous êtes servie :

Pyrrhus rend à l'autel son infidèle vie.

Hermione.

Il est mort !

Oreste.

Il expire ; et nos Grecs irrités

Ont lavé dans son sang ses infidélités.

Je vous l'avais promis ; et, quoique mon courage

Se fît de ce complot une funeste image,

J'ai couru vers le temple, où nos Grecs dispersés

Se sont jusqu'à l'autel dans la foule glissés.

Pyrrhus m'a reconnu, mais sans changer de face :

Il semblait que ma vue excitât son audace ;

Que tous les Grecs, bravés en leur ambassadeur,

Dussent de son hymen relever la splendeur.

Enfin, avec transport prenant son diadème,

Sur le front d'Andromaque il l'a posé lui-même :

« Je vous donne, a-t-il dit, ma couronne et ma foi ;

» Andromaque, régnez sur l'Épire et sur moi.

» Je voue à votre fils une amitié de père, ;

» J'en atteste les dieux, je le jure à sa mère ;

» Pour touts mes ennemis je déclare les siens,

» Et je le reconnais pour le roi des Troyens. »

A ces mots, qui du peuple attiraient le suffrage,

Nos Grecs n'ont répondu que par un cri de rage ;

L'infidèle s'est vu par-tout envelopper,

Et je n'ai pu trouver de place pour frapper :

Chacun se disputait la gloire de l'abattre.

Je l'ai vu dans leurs mains quelque temps se débattre,

Tout sanglant à leurs coups vouloir se dérober ;

Mais enfin à l'autel il est allé tomber.

Du peuple épouvanté j'ai traversé la presse

Pour venir de ces lieux enlever ma princesse,

Et regagner le port, où bientôt nos amis

Viendront couverts du sang que je vous ai promis.

Hermione.

Qu'ont-ils fait !...

Oreste.

             Pardonnez à leur impatience ;

Ils ont, je le vois bien, trahi votre vengeance ;

Vous vouliez que ma main portât les premiers coups ;

Qu'il sentît en mourant qu'il expirait par vous.

Mais c'est moi dont l'ardeur leur asservi d'exemple ;

Je les ai pour vous seule entraînés dans le temple.

Madame ; et vous pouvez justement vous flatter

D'une mort que leurs bras n'ont fait qu'exécuter.

Vous seule avez poussé les coups…
Hermione.

Tais-toi,
perfide.

Et n'impute qu'à toi ton lâche parricide,

Va faire chez les Grecs admirer ta fureur,

Va ; je la désavoue, et tu me fais horreur.

Barbare, qu'as-tu fait ? avec quelle furie

As-tu tranché le coup d'une si belle vie ?

Avez-vous pu, cruels, l'immoler aujourd'hui,

Sans que tout votre sang se soulevât pour
lui ?

Mais parle : de son sort qui t'a rendu l'arbi-
tre ?

Pourquoi l'assassiner ? qu'a-t'il fait ? à quel
titre ?

Qui te l'a dit ?

Oreste.

Oh dieux ! quoi ! ne m'avez-
vous pas

Vous-même, ici, tantôt, ordonné sen trépas ?
Hermione.

Ah ! fallait-il en croire une amante insen-
sée ?

Ne devais-tu pas lire au fond de ma pensée ?

Et ne voyais-tu pas, dans mes emportements,

Que mon cœur démentait ma bouche à touts
moments ?

Quand je l'aurais voulu, fallait-il y souscrire ?

N'as-tu pas dû cent fois te le faire redire ?

Toi-même ayant le coup me venir consulter ?

Y revenir encore… ou plutôt m'éviter ?

Que ne me laissais-tu le soin de ma vengeance ?

Qui l'amène en des lieux où l'on fuit ta présence ?

Voilà de ton amour le détestable fruit :

Tu m'apportais, cruel, le malheur qui te suit.

C'est toi dont l'ambassade, à touts les deux fatales,

L'a fait pour son malheur pencher vers ma rivale,

Nous le verrions encor nous partager ses soins :

Il m'aimerait peut-être ; il le feindrait du moins.

Adieu. Tu peux partir : je demeure en Épire ;

Je renonce à la Grèce, à Sparte, à son empire,

A toute ma famille ; et c'est assez pour moi,

Traître, qu'elle ait produit un monstre tel que toi.

D. Dites encore comment le même poète décrit les fureurs d'Oreste, après l'assassinat de Pyrrhus.

R. Oreste s'exprime ainsi :

Grâce aux dieux, mon malheur passe mon espérance !

Oui, je te loue, ô ciel ! de ta persévérance :

Appliqué sans relâche au soin de me punir,

Au comble des douleurs tu m'as fait parvenir :

Ta haine a pris plaisir à former ma misère ;

J'étais né pour servir d'exemple à ta colère,

Pour être du malheur un modèle accompli :

Hé bien ! je meurs content, et mon sort est rempli.

Où sont ces deux amants ? pour couronner ma joie,

Dans leur sang, dans le mien, il faut que je me noie ;

L'un et l'autre en mourant je les veux regarder :

Réunissons trois cœurs qui n 'ont pu s'accorder...

Mais quelle épaisse nuit tout à coup m'environne !

De quel côté sortir ? d'où vient que je frisonne ?

Quelle horreur me saisit ? grâce au ciel, j'entrevois...

Dieux ! quels ruisseaux de sang coulent autour de moi !

.... Quoi ! Pyrrhus, je te rencontre encore !

Trouverai-je par-tout un rival que j'abhorre ?

Percé de tant de coups, comment t'es-tu sauvé ?

Tiens, tiens, voilà le coup que je t'ai réservé.

Mais que vois-je ? à mes yeux Hermione l'embrasser !

Elle vient l'arracher au coup qui le menace !

Dieux ! quels affreux regards elle jette sur moi !

Quels démons ; quels serpents traîne-t-elle après soi !

Hé bien ! Filles d'enfer, vos mains sont-elles prêtes ?

Pour qui sont ces serpents qui sifflent sur vos têtes ?

A qui destinez-vous l'appareil qui vous suit ?

Venez-vous m'enlever dans l'éternelle nuit ?

Venez ; à vos fureurs Oreste s'abandonne…

Mais non, retirez-vous, laissez faire Hermione.

L'ingrate mieux que vous saura me déchirer ;

Et je lui porte enfin mon cœur à dévorer.

PHILOCTÈTE.

D. Racontez les exploits et les malheurs de Philoctete.

R. Philoctète fut l'ami, le compagnon et presque le rival d'Hercule. Alcide, en mourant, lui ordonna d'enfermer dans sa tombe son arc et ses flèches, et lui fit jurer de ne jamais découvrir sa sépulture. Les Grecs, instruits par l'oracle, qu'ils ne pouvaient se rendre maîtres de Troie, s'ils n'avaient en leur possession les flèches d'Hercule, envoyèrent des députés à Philoctète, pour apprendre en quel lieu elles étaient cachées. Philoctète, qui ne voulait ni violer son serment, ni priver les Grecs de l'avantage que devaient leur procurer ces flèches, frappa du pied à l'endroit qui les recélait. Le ciel punit cruellement son parjure. Pendant qu'il allait à Troie, une des flèches tomba sur le pied dont il avait frappé la terre ; il s'y forma un ulcère qui jetait une odeur infecte et insupportable. Ulysse conseilla aux Grecs d'abandonner Philoctete pendant son sommeil. Ils le laissèrent dans l'île de Lemnos, où il souffrit pendant dix ans les douleurs les plus horribles.

D. Comment Philoctète fut-il tiré de l'île de Lemnos ?

R. Après la mort d'Achille, les Grecs, voyant qu'ils ne pouvaient s'emparer de la ville, sans les flèches que Philoctète avait gardées avec lui à Lemnos, chargèrent Pyrrhus d'aller trouver ce héros, et de l'amener devant Troie. Il était question de surprendre Philoctète justement irrité contre les Grecs, et de le déterminer à s'embarquer, sous prétexte de retourner en Grèce, tandis qu'on le conduirait sur la côte d'Asie. Pyrrhus feignit d'être mécontent des Grecs, qui lui avaient refusé les armes d'Achille son père ; il dit qu'il s'en retournait à Scyros. Philoctète le conjure de l'emmener avec lui, et déjà il a confié au jeune prince ses armes et ses flèches pour les porter au vaisseau. Le fils d'Achille sent un remords secret de tromper un malheureux : son cœur n'est point fait aux artifices : il soupire : il avoue son projet à Philoctète, lui rend ses armes, et le laisse libre. Ulysse, quoique ennemi mortel de Philoctète, se chargea de l'aller chercher, et de le ramener ; ce qu'il exécuta en effet. Philoctète, arrivé au camp, blessa Pâris d'une de ses flèches, et lui donna la mort. Bientôt Ilion fut réduit en cendres. Machaon et Podalire, fils d'Esculape, guérirent Philoctète de sa blessure.

D. Récitez les beaux vers de La Harpe sur les malheurs de Philoctète.

R. Philoctète raconte ainsi à Pyrrhus comment les Grecs l'ont abandonné, et quels maux il a soufferts[23].

Nous touchons à Lemnos : accablé du voyage

Le sommeil me surprend sous un antre sauvage.

On saisit cet instant, on m'abandonne, on part ;

On part, en me laissant, par un reste d'égard,

Quelques vases grossiers quelque vile pâture,

Des voiles déchirés pour sécher ma blessure,

Quelques lambeaux, rebut du dernier des humains ;

Puisse Atride éprouver de semblables destins !

Quel réveil ! quel moment de surprise et d'alarmes !

Que d'imprécations ! que de cris et de larmes !

Lorsqu'en ouvrant les yeux, je vis fuir mes vaisseaux

Que loin de moi les vents emportaient sur les eaux !

Lorsque je me vis seul sur cette plage aride,

Sans appui dans mes maux, sans compagnons, sans guide !

Jetant de tout côté des regards de douleur,

Je ne vis qu'un désert, hélas ! et le malheur,

Tout ce qu'on m'a laissé, le désespoir, la rage !

Le temps accrut ainsi mes maux et mon outrage.

J'appris à soutenir mes misérables jours.

Mon arc, entre mes mains, seul et dernier recours,

Servit à me nourrir ; et, lorsqu'un trait rapide

Faisait du haut des airs tomber l'oiseau timide,

Souvent il me fallait, pour aller le chercher,

D'un pied faible et souffrant, gravir sur le rocher,

Me traîner en rampant vers ma chétive proie ;

Il fallait employer cette pénible voie

Pour briser des rameaux, et pour y recueillir

Le feu que des cailloux mes mains faisaient jaillir.

Des glaçons dont l'hiver blanchissait ce rivage,

J'exprimais avec peine un douloureux breuvage.

Enfin cette caverne et mon arc destructeur,

Et le feu, de la vie heureux conservateur,

Ont soulagé du moins les besoins que j'endure ;

Mais rien n'a pu guérir ma funeste blessure ;

Nul commerce, nul port aux voyageurs ouvert,

N'attire les vaisseaux dans ce triste désert.

On ne vient à Lemnos que poussé par l'orage ;

Et depuis si long-temps errant sur cette
plage,

Si j'ai vu des rochers, malgré touts leurs
efforts ;

Pour obéir aux vents, descendre sur les
bords,

Je n'en obtenais rien qu'une pitié stérile,

Des consolations le langage inutile,

Des secours passagers, ou de vieux vête-
ments ;

Mais, malgré ma prière et mes gémissements,

Nul n'a sur ses vaisseaux accueilli ma misère,

Ni voulu sur les flots me conduire à mon
père.

Depuis dix ans, mon fils, je languis dans ces
lieux,

Sans cesse dévoré d'un mal contagieux,

Victime d'une lâche et noire ingratitude,

Souffrant dans l'abandon et dans la solitude.

Les Atrides, Ulysse, ainsi m'ont attaché

A ce supplice lent que leur haine a cherché ;

Ils m'ont surpris ainsi dans les pièges qu'ils
tendent ;

Ils m'ont fait touts ces maux : que les dieux
les leur rendent !

Ulysse.

D. Qui était Ulysse ?

R. Ulysse, fils de Laërte et d'Anticlée, était roi de deux petites îles de la mer Ionienne, dont l'une se nommait *Ithaque*, et l'autre *Dulichium*. Le mot grec *Ulysse* veut dire, *qui est craint de tout le monde*. Ce prince était éloquent, rusé, artificieux. Il contribua bien autant par son esprit à la prise de Troie, que les autres généraux grecs par leur courage. L'amour qu'il avait pour sa jeune épouse, la belle *Pénélope*, lui fit chercher plusieurs moyens pour ne point accompagner les princes grecs dans leur expédition. Il imagina de contrefaire l'insensé. Il attela à une charrue deux bêtes de différente espèce ; il traça des sillons sur le bord de la mer, et il y sema du sel au lieu de blé. Mais *Palamède*, qui soupçonna sa feinte, mit le petit Télémaque sur la ligne du sillon. Ulysse, pour ne point blesser son fils, détourna la charrue, et fit voir par là que sa folie n'était que simulée.

D. Quels services Ulysse rendit-il aux princes grecs ?

R. Il découvrit, à son tour, Achille qui était déguisé en fille dans l'île de Scyros. C'est lui qui enleva le palladium avec Diomède, qui tua Rhésus, et emmena ses chevaux au camp ; qui détruisit le tombeau de Laomédon ; qui força Philoctète, quoique son ennemi, à le suivre au siège de Troie, avec les flèches d'Hercule. A la mort d'Achille, les armes de ce héros furent adjugées à Ulysse, malgré les prétentions d'Ajax. Après la prise de la ville, il erra pendant dix ans, avant que de pouvoir rentrer dans son royaume.

D. Racontez les principales aventures d'Ulysse.

R. Une tempête le jeta d'abord sur les côtes de la Thrace, où régnait Polymnestor. C'était à la foi de ce prince que Priam avait confié son fils Polydore, pour le dérober à la fureur des Grecs. Lorsque la fortune eut trahi les affaires des Troyens, Polymnestor fit périr Polydore, afin de rester paisible possesseur des trésors que Priam lui avait livrés pour les rendre à son fils. *Hécube*, qui était échue en partage à Ulysse, fut instruite de la perfidie du roi de Thrace. Voulant venger la mort de Polydore, elle feignit d'avoir encore un autre trésor à confier à Polymnestor. Ayant attiré le prince dans un lieu écarté, elle lui sauta au visage, et lui arracha les yeux :

> L'infortuné Priam, dans ses tendres alarmes,
>
> Pour son malheureux fils craignant le sort des armes,
>
> L'avait au roi de Thrace, infidèle allié,
>
> Avec de grands trésors en secret envoyé,
>
> Pour conserver ses jours et former sa jeunesse.
>
> Le lâche, tant qu'Hector humilia la Grèce,
>
> Respecta cet enfant, ses malheurs et son nom ;
>
> Mais dès que le destin servit Agamemnon,
>
> L'intérêt dans son cœur faisant taire la gloire,
>
> Oublia l'amitié pour suivre la victoire.
>
> Le cruel (que ne peut l'ardente soif de l'or !)
>
> Égorge Polydore, et saisit son trésor ;
>
> Et la terre cacha sa victime sanglante.
>
> (Virgile, trad. de M. Delille.)

D. Que fit Ulysse, après son premier naufrage ?

R. Il se remit en mer, et fut porté par les vents au rivage des Lotophages, en Afrique. Ces peuples sont ainsi appelés de l'arbre *lotos* qui croît dans leur pays, et dont le fruit est si agréable, qu'il fait oublier aux étrangers leur propre patrie, ce qui fut cause qu'Ulysse y perdit quelques-uns de ses compagnons ; mais les autres, reprenant leur navigation, passèrent avec lui en Sicile, où de nouveaux dangers les attendaient.

D. Quels dangers courut Ulysse dans l'île de Sicile ?

R. Il y tomba entre les mains de *Polyphème*, fils de Neptune, le plus grand et le plus fort des Cyclopes. Le monstre enferma Ulysse avec touts ses compagnons dans son antre, pour les dévorer. Mais Ulysse le fit tant boire, en l'amusant par le récit du siège de Troie, qu'il l'enivra. Puis, aidé de ses compagnons, il lui creva l'œil avec un pieu. Le Cyclope, se sentant blessé, poussa des hurlements effroyables ; touts ses voisins accoururent pour savoir ce qui lui était arrivé. Ils lui demandèrent qui l'avait blessé : *Personne*, leur répondit-il, en rugissant. (Ulysse lui avait dit qu'il s'appelait *Personne*.) Les voisins, persuadés que, dans son délire, il s'était aveuglé lui-même, se retirèrent pour éviter sa fureur.

D. Quels moyens prit Ulysse pour sortir de la caverne de Polyphème ?

R. Ulysse et ses compagnons, fuyant adroitement les longs bras étendus du Cyclope, se tenaient cachés parmi ses moutons, qui, comme leur maître, étaient beaucoup plus grands que les autres animaux de leur espèce. Ulysse ayant remarqué que le monstre, en marchant à tâtons, ne portait la main que sur le dos de ses brebis, attacha sous le ventre de chacune un de ses guerriers, et s'attacha lui-même sous le bélier. Dès le point du jour, Polyphème, placé à l'ouverture de son antre, fit sortir un à un tout son troupeau. Chaque mouton, en passant entre ses jambes et sous ses mains, emporta un soldat grec, et le chef passa le dernier. Polyphème, rentré dans sa caverne, avec la soif du carnage et l'espoir de la vengeance, la trouva déserte, et frémit de fureur, lorsqu'il entendit au loin, dans la plaine, Ulysse et ses compagnons qui couraient vers le rivage. Le monstre, écumant de rage, les poursuivit, et leur lança à tout hasard, un rocher d'une grosseur énorme. Les Grecs l'évitèrent aisément, et s'embarquèrent, après n'avoir perdu que quatre d'entr'eux, que le géant avait dévorés.

D. Que racontent les poètes des amours de Polyphème ?

R ; *Polyphème*, malgré sa férocité, devint amoureux de la nymphe *Galatée*, éprise elle-même du berger *Acis*. Polyphème, jaloux de cette préférence, observa les deux amants, et les ayant surpris ensemble, écrasa d'un rocher le jeune Acis, qui fut transformé en fleuve. Galatée se jeta dans la mer, et rejoignit les Néréides ses sœurs. Cette nymphe parle ainsi, dans Ovide :

> O Vénus ! quelle est donc la puissance invincible ?
>
> Ce géant redouté, ce Cyclope terrible,
>
> Monstre hideux, l'horreur des monstres des forêts,
>
> Que sans trouver la mort nul n'aborda jamais,
>
> Cet ennemi des dieux que son orgueil blasphème,
>
> Soumis à ton empire, il est sensible, il aime !
>
> Consumé de tes feux, de mes charmes épris,
>
> Il oublie et son antre, et ses chères brebis.
>
> Ce difforme géant, soigneux de sa parure,
>
> Peigne avec un râteau sa noire chevelure,
>
> Et sa barbe au poil dur tombe sous une faux.
>
> Il va se contempler dans le miroir des eaux ;
>
> Il cherche à prendre un air moins dur et moins farouche :
>
> L'ardente soif du sang n'altère plus sa bouche.
>
> Moins affamé de meurtre, il perd sa cruauté :
>
> Le nocher dans son île aborde en sûreté.
>
> (Trad. de Saintange.)

D. Continuez le récit des aventures d'Ulysse. Où alla-t-il, après avoir quitté les côtes de Sicile ?

R. Il fut jeté par les vents dans les états d'*Éole*. Ce dieu l'accueillit favorablement, et lui fit présent d'outres dans lesquelles il avait renfermé les vents contraires à sa navigation ; mais les compagnons d'Ulysse, poussés par une funeste curiosité, ouvrirent ces peaux d'où les vents s'échappèrent, et causèrent une tempête furieuse. Ulysse ne se sauva de ce danger que pour retomber dans un autre plus terrible encore. Il fut rejeté sur les côtes de la Sicile, dans une contrée dont les peuples barbares et cruels se nommaient *Lestrigons*. Ulysse y perdit un grand nombre des siens. Il ne lui resta qu'un vaisseau, avec lequel il se rendit dans l'île d'Œa, chez Circé.

D. Faites connaitre Circé.

R. Circé, fille du Soleil, était une magicienne si habile, qu'elle faisait descendre les étoiles du ciel. L'art des empoisonnements lui était également connu. Le premier essai qu'elle fit de ses talents fut sur le roi des Sarmates, son mari. Ce crime la rendit si odieuse à ses sujets, qu'ils la forcèrent à prendre la fuite ; le Soleil la transporta dans son char, sur la côte d'Étrurie, nommée depuis le cap de Circé ; et l'île d'Œa devint sa résidence. Ce fut là qu'elle changea en monstre la jeune *Scylla*, parce qu'elle était aimée de Glaucus pour qui Circé avait conçu une passion violente. Elle changea pareillement *Picus*, roi d'Italie, en pivert, parce qu'il ne voulut point quitter *Canente*, son épouse, pour s'attacher à la cruelle enchanteresse.

D. Ulysse sut-il se garantir des charmes de Circé ?

R. Circé fit éprouver la puissance de ses enchantements aux compagnons d'Ulysse, qu'elle changea en pourceaux par la vertu d'une liqueur magique. Mais Minerve donna à Ulysse une herbe qui le préserva des charmes de la magicienne. Circé chercha ensuite à plaire à Ulysse, et le retint pendant un an, auprès d'elle. Elle rendit à ses compagnon leur première forme. Elle procura à Ulysse les moyens de descendre aux enfers, pour y consulter le fameux devin *Tirésias* dont il apprit plusieurs aventures qui devaient lui arriver. Circé lui indiqua aussi les précautions qu'il devait prendre pour échapper aux Sirènes. Après avoir évité avec le même bonheur, les gouffres de Charybde et de Scylla, il essuya une nouvelle tempête que Neptune suscita, pour le punir d'avoir aveuglé son fils Polyphème. Ulysse vit périr son vaisseau et touts ses compagnons, et se sauva seul dans l'île de Calypso.

D. Dites un mot de Calypso.

R. Calypso, fille de l'Océan et de Téthys, régnait dans une île de la mer Ionienne, appelée *Ogygie*. Elle reçut Ulysse, et l'arrêta pendant sept ans, lui offrant l'immortalité, s'il voulait l'épouser. Mais le héros préféra Pénélope et sa petite île d'Ithaque à ces brillants avantages. Mercure fut envoyé par Jupiter, pour ordonner à Calypso de laisser partir Ulysse. La déesse fit équiper un vaisseau, et le prince se remit en mer.

> Pour fixer le volage Ulysse,
>
> Jouet de Neptune irrité,
>
> En vain Calypso, plus propice,
>
> Lui promet l'immortalité :
>
> Peu touché d'une île charmante,
>
> A Pluton, malgré son amante,
>
> De ses jours il soumet le fil,
>
> Aimant mieux dans sa cour déserte
>
> Descendre au tombeau de Laërte,
>
> Qu'être immortel dans un exil.
>
> (Gresset.)

D. Ulysse n'éprouva-t-il plus de malheurs après son départ de l'île d'Ogygie ?

R. Il eut beaucoup de peine à gagner l'île des Phéaciens[24], où régnait Alcinoüs. Les jardins d'Alcinoüs sont très-célèbres dans l'antiquité. "« Jamais, dit "Homère", les arbres ne sont sans fruits, un doux zéphyr entretient leur vigueur et leur sève ; et pendant que les fruits mûrissent, il en naît toujours de nouveaux. La poire prête à cueillir, en laisse voir une autre qui commence à paraitre. La grenade et l'orange déjà mûres, en montrent de nouvelles qui vont mûrir. L'olive est poussée par une autre olive, et la figue ridée fait place à une autre qui la suit. La vigne y porte des raisins en toute saison ; pendant que les uns sèchent au soleil, on coupe les autres, et on foule dans le pressoir ceux que le soleil a déjà préparés. »" Ulysse resta quelque temps à la cour voluptueuse et brillante d'Alcinoüs, et jouit des délices de ces lieux enchantés. Il en partit, chargé de présents, et arriva enfin à Ithaque, après une absence de vingt ans.

D. Comment Ulysse fut-il reçu à Ithaque ?

R. Ulysse se déguisa, pour se dérober aux pièges des amants de Pénélope : il alla descendre chez son fidèle serviteur *Eumée*. A la porte de son palais, il fut reconnu par un chien qu'il avait laissé en partant, et qui mourut de joie d'avoir retrouvé son maître. Il se découvrit à Télémaque, puis à Pénélope. Cette vertueuse épouse lui raconta comment elle avait éludé la poursuite de ses amants, en leur promettant d'épouser l'un d'eux, lorsqu'une tapisserie qu'elle avait commencée, serait finie. Elle défaisait la nuit ce qu'elle avait fait le jour. Mais, ne pouvant plus obtenir de nouveaux délais, elle s'était engagée à prendre pour époux celui qui le lendemain pourrait tendre l'arc d'Ulysse, et faire passer le premier sa flèche dans plusieurs bagues disposées de suite. Ulysse approuva cette résolution, dans l'espérance d'y trouver un moyen de se venger des prétendants. Touts essayèrent en vain de tendre l'arc. Ulysse, après eux, demanda qu'il lui fût permis d'essayer ses forces. Il banda l'arc très-aisément, et tira sur les poursuivants qu'il tua, avec le secours de son fils et de ses serviteurs.

D. Comment mourut Ulysse ?

R. Ce prince régnait paisiblement dans son île, lorsque Télégone, qu'il avait eu de Circé, vint à Ithaque pour voir son père. Pendant qu'on le repoussait comme un inconnu, il s'éleva quelque tumulte à la porte du palais. Ulysse accourut pour voir ce qui se passait. Dans le désordre, il fut atteint malheureusement par Télégone d'une flèche empoisonnée : Tirésias lui avait prédit qu'il mourrait de la main de son fils. Minerve ordonna à Télégone d'épouser Pénélope, et de ce mariage naquit *Italus*, qui donna son nom à l'Italie.

D. Par qui les aventures d'Ulysse nous ont-elles été transmises ?

R. Par Homère, le père de la poésie grecque. Il florissait vers l'an 300 après la prise de Troie. Il a chanté les voyages et les malheurs d'Ulysse, dans un poème épique appelé l'*Odyssée*. Il avait fait auparavant un autre poème encore plus beau, dans lequel il a célébré la colère d'Achille, si pernicieuse aux Grecs, et la ruine de la ville de Troie. Ce poème a pour titre l'*Iliade*... L'immortel Fénelon a décrit les aventures de *Télémaque*, fils d'Ulysse, dans un ouvrage qui renferme toutes les grandes beautés des anciens.

Ajax.

D. L'armée des Grecs ne comptait-elle pas plusieurs guerriers nommés Ajax ?

R, Oui. Le premier était fils d'Oïlée, roi des Locriens. Il était renommé pour sa valeur, et il rendit de grands services pendant le siège. Mais, à la prise de la ville, il outragea Cassandre qui s'était réfugiée dans le temple de Minerve. La déesse, irritée de ce sacrilège, submergea sa flotte, près des rochers de Capharée[25]. L'intrépide Ajax se sauva sur un rocher, et dit arrogamment : *J'en échapperai malgré les dieux*. Mais Pallas le frappa de la foudre.

D. Faites-nous connaitre l'autre Ajax.

R. Le second *Ajax* était fils de Télamon, roi de Salamine. Il fut, après Achille, le plus vaillant des Grecs. Mais il était, comme lui, brutal, emporté. Après la mort d'Achille, Ajax et Ulysse se disputèrent les armes de ce héros. Ulysse l'emporta. Ajax en devint si furieux, que, pendant la nuit, il massacra touts les troupeaux du camp, croyant tuer son rival et les capitaines de l'armée. Revenu de son délire, il fut si honteux, qu'il se perça d'une épée dont Hector lui avait fait présent. Son sang fut changé en hyacinthe.

Ovide raconte ainsi la dispute d'Ajax et d'Achille :

> Touts les chefs sont assis : le soldat en silence
>
> Les entoure debout, appuyé sur sa lance ;
>
> Ajax se lève, Ajax intrépide guerrier,
>
> Orgueilleux possesseur d'un vaste bouclier.
>
> Emporté malgré lui par sa fougue sauvage,
>
> Du geste et des regards attestant le rivage,
>
> Et le port de Sigée, et la flotte, et la mer,

Les bras levés au ciel, il dit : O Jupiter !

C'est devant les vaisseaux que la Grèce s'assemble,

Et c'est Ulysse et moi que l'on compare ensemble !

Le lâche ! qu'ont vu fuir nos vaisseaux menacés

Devant les feux d'Hector que j'ai seul, repoussés !

Ulysse est sûr de lui quand Ulysse harangue :

Ma force est dans mon bras ; la sienne est dans sa langue,

J'appris au champ de Mars le grand art des héros,

Et n'ai point, comme lui, la science des mots.

Ulysse commence son discours d'une manière bien plus adroite.

O Grecs ! si du destin la loi dure et sévère

A vos vœux comme aux miens eût été moins contraire,

On ne nous verrait point, ambitieux rivaux,

Nous disputer l'honneur d'hériter d'un héros :

Nous jouirions d'Achille, Achille de ses armes.

Mais puisque, condamnés à lui donner des larmes,

Ses beaux jours par le ciel nous furent enviés,

(Ulysse essuie alors des pleurs étudiés)

Qui donc aura des droits à l'armure d'Achille,

Plus que celui-là même à qui l'on doit Achille ?

(Trad. de Saintange.)

NESTOR

D. Qui était Nestor ?

R. Nestor, fils de Nélée et de Chloris, était roi de Pylos. Il échappa seul au fer d'Hercule qui donna la mort à touts ses frères, parce qu'ils avaient pris parti pour Augias. Il fit le voyage de la Colchide avec les Argonautes. Il se trouva aux noces de Pirithoüs, et combattit contre les Centaures, Il était déjà fort vieux, lorsqu'il se rendit au siège de Troie, Il fut très-utile aux Grecs par la sagesse de ses conseils. Agamemnon disait que s'il avait dix Nestor dans son armée, il prendrait la ville en peu de temps, Son éloquence était si douce et si touchante, qu' Homère dit que "le miel coulait de ses lèvres, quand il parlait". Le même poète ajoute qu' "il vécut trois siècles d'homme".

IDOMÉNÉE.

D. Racontez l'histoire d'Idoménée.

R. Idoménée, roi de Crète, était fils de Deucalion, et petit-fils de Minos. Il se signala au siège de Troie. A son retour, il fut battu par une tempête affreuse. Pour échapper au naufrage, il promit à Neptune de lui sacrifier la première créature vivante qui se présenterait à lui sur le rivage de Crète. Arrivé au port, il rencontre son fils. Le malheureux père accomplit son vœu. Les Crétois, saisis d'horreur pour l'action barbare de leur roi, le chassèrent de ses états. Il se retira sur les côtes de la grande Hespérie, où il fonda *Salente*. Il fit observer dans sa nouvelle ville les sages lois de Minos. L'aventure d'Idoménée a fourni à Crébillon le sujet d'une *tragédie*, et à l' auteur de Télémaque celui d'un bel épisode.

Une effroyable nuit, sur les eaux répandue,

Déroba tout à coup les objets à ma vue ;

La mort seule y parut. Le vaste sein des mers

Nous entr'ouvrit cent fois la route des enfers.

Par des vents opposés les vagues ramassées,

De l'abyme profond jusques au ciel, poussées,

Dans les airs embrasés agitaient mes vaisseaux,

Aussi près d'y périr qu'à fondre sous les eaux.

D'un déluge de feux l'onde comme allumée,

Semblait rouler sur nous une mer enflammée ;

Et Neptune en courroux, à tant de malheureux

N'offrait, pour tout salut, que des rochers
affreux.

Que te dirai-je enfin ?... dans ce péril extrême,

Je tremblai, Sophronyme, et tremblai pour
moi-même...

Pour apaiser les dieux, je priai... je promis...

Non, je ne promis rien, dieux cruels ! j'en
frémis...

Neptune, l'instrument d'une indigne faiblesse,

S'empara de mon cœur, et dicta la promesse.

S'il n'en eût inspiré le barbare dessein,

Non, je n'aurais jamais promis de sang humain.

« Sauve des malheureux si voisins du naufrage,

» Dieu puissant, m'écriai-je, et rends-nous
au rivage !

» Le premier des sujets rencontré par son
roi,

» A Neptune immolé satisfera pour moi. »

Mon sacrilège vœu rendit le calme à l'onde ;

Mais rien ne put le rendre à ma douleur profonde ;

Et, l'effroi succédant à mes premiers trans-
ports,

Je me sentis glacer en revoyant ces bords :

Je les trouvai déserts, tout avait fui l'orage.

Un seul homme alarmé parcourait le rivage ;

Il semblait de ses pleurs mouiller quelques
débris :

J'en approche en tremblant... hélas ! c'était
mon fils !...

(Crébillon.)

DIOMÈDE.

D. Que raconte-t-on de Diomède ?

R. Diomède, fils de Tydée, était roi d'Etolie. Il partit avec les princes grecs pour la guerre de Troie. Ses exploits l'y firent regarder comme le plus brave de toute l'armée, après Achille, et Ajax fils de Télamon. Homère représente ce prince comme le favori de Pallas. Cette déesse le suit par-tout. C'est par son secours, qu'il tue plusieurs rois de sa main, qu'il soutient des combats singuliers contre Hector, Énée, et les autres princes troyens ; qu'il se saisit des chevaux de Rhésus, qu'il enlève le palladium ; enfin, qu'il blesse le dieu Mars, et Vénus même, qui venait secourir son fils Énée. La déesse en conçut un tel dépit, qu'elle inspira à sa femme Égiale une violente passion pour un autre. Diomède, instruit de cet affront, ne voulut point retourner dans sa patrie. Il alla aborder sur les côtes d'Apulie ou de la Pouille, et y bâtit plusieurs villes.

PALAMÈDE.

D. Quels sont les principaux traits de l'histoire de Palamède ?

R. Palamède, fils de Nauplius, et arrière-petit-fils de Bélus, était roi de l'île d'Eubée. Ce fut lui qui découvrit la feinte d'Ulysse, qui contrefaisait l'insensé pour ne point aller à la guerre de Troie. Ulysse, pour se venger, fit enfouir une somme d'argent dans la tente de Palamède, et contrefit une lettre de Priam, qui le remerciait d'un service qu'il avait rendit aux Troyens, et lui annonçait l'envoi de la somme dont ils étaient convenus. La lettre fut lue dans l'assemblée des princes grecs ; on envoya dans la tente de Palamède, pour s'assurer si l'argent y avait été déposé. La somme énoncée s'y trouva ; Palamède lut lapidé. On lui attribue le jeu des échecs, celui des dés, et l'invention des poids et mesures.

THERSITE.

D. Dites qui était Thersite.

R. Thersite était le plus laid et le plus lâche de touts les Grecs. Homère dit qu' "il faisait un bruit horrible" : il disait toute sorte de grossièretés et d'injures, et ne parlait d'Agamemnon et des autres rois, qu'avec une insolence cynique. Achille, piqué de ses injures, le tua d'un coup de poing. Thersite a donné lieu à une espèce de proverbe : quand on veut parler d'un homme mal fait, lâche et insolent, on dit : *c'est un Thersite*.

SINON.

D. Par quels faits Sinon est-il connu ?

R. *Sinon*, fils de Sisyphe, est connu par sa fourberie. Lorsque les Grecs feignirent de lever le siège de Troie, Sinon se laissa prendre par les Troyens, et leur dit qu'il venait chercher un asile parmi eux. Il gagna leur confiance par ses mensonges adroits, et leur persuada d'introduire le cheval de bois dans leurs murs. Au milieu de la nuit, l'artificieux transfuge alla ouvrir les flancs du cheval, et les portes de la ville, qui tomba ainsi au pouvoir des Grecs.

Personnages célèbres de Troie.

PRIAM.

D. Racontez les malheurs de Priam.

R. Priam, roi de Troie, épousa *Hécube*, dont il eut un grand nombre d'enfants. Il releva les murs de la ville, et fit fleurir son empire. Mais son bonheur fut troublé par son fils *Pâris*, qui ravit Hélène à Ménélas. A la prise de Troie, Priam fut tué par Pyrrhus, à la vue de sa femme et au milieu de ses dieux. Énée raconte ainsi à Didon la mort de Priam.

> J'ai vu Pyrrhus, j'ai vu les féroces Atrides
>
> Rassasier de sang leurs armes homicides ;
>
> Hécube échevelée errer sous ces lambris ;
>
> Le glaive moissonner les femmes de ses fils ;
>
> Et son époux, hélas ! à son moment suprême,
>
> Ensanglanter l'autel qu'il consacra lui-même.
>
> De sa postérité les rejetons naissants
>
> Dont la foule chérie entourait ses vieux ans,
>
> De ses cinquante fils les couches nuptiales.
>
> Ces dépouilles des fois, ces pompes triomphales,
>
> Trésors, enfants, grandeurs, tout périt sous ses yeux,
>
> Et le glaive détruit ce qu'épargnent les feux...
>
>
> Reine ! peut-être aussi désirez-vous connaitre
>
> Comment de cet état périt l'auguste maître ?
>
> Voyant les Grecs vainqueurs au sein de ses remparts.

Son antique palais forcé de toutes parts,

L'ennemi sous ses yeux, d'une armure impuissante

Ce vieillard charge en vain son épaule tremblante,

Prend un glaive à son bras dès long-temps étranger,

Et s'apprête à mourir plutôt qu'à se venger.

Dans la cour du palais, de ses rameaux antiques

Un laurier embrassant ses autels domestiques

Les couvrait de son ombre ; en ces lieux révérés,

Hécube et ses enfants ensemble retirés,

Ainsi qu'aux sifflements des tempêtes rapides

S'attroupe un faible essaim de colombes timides,

Se pressaient, embrassaient les images des dieux.

Dès qu'elle voit Priam vainement furieux,

Moins couvert qu'accablé d'une armure inutile :

« Quelle aveugle fureur ! quel courage stérile !

» Lui crie Hécube en pleurs ; où courez-vous ? hélas !

» Contre un destin cruel que peut ce faible bras ?

» Mon Hector même en vain renaîtrait de sa cendre.

» Approchez : de nos dieux l'autel va nous défendre,

» Ou sous le même fier nous expirerons touts. »

Par ces mots, du vieillard désarmant le courroux,

La reine enfin l'entraîne et le place auprès d'elle.

Tout à coup, de Pyrrhus fuyant la main cruelle,

A travers mille dards, un dernier fils du roi

S'échappe, et du palais dépeuplé par l'effroi

Traverse tout sanglant la longue galerie.

Pyrrhus le suit ; déjà, tout bouillant de furie,

Il le presse, il le touche, il l'atteint de son dard :

Enfin au saint autel, asile du vieillard,

Son fils court éperdu, tend les bras à son père,

Hélas ! et dans son sang tombe aux pieds de sa mère.

A ce spectacle affreux, quoique sûr de la mort,

Priam ne contient plus son douloureux transport :

« Que les dieux, s'il en est qui vengent l'innocence,

» T'accordent, malheureux ! ta juste récompense ;

» Toi qui d'un sang chéri souilles mes cheveux blancs,

» Qui sous les yeux d'un père égorges ses enfants ;

» Toi, fils d'Achille !... non, il ne fut point ton père.

» D'un ennemi vaincu respectant la misère,

» Le meurtrier d'Hector, dans son noble courroux,

» Ne vit pas sans pitié Priam à ses genoux,

» Et, pour rendre au tombeau des dépouilles si-chères,

» Il me renvoya libre au palais de mes pères.

» Tiens, cruel !... » A ces mots, au vainqueur inhumain

Il jette un faible trait qui, du solide airain

Effleurant la surface avec un vain murmure,

Languissamment expire, et pend à son armure.

« Eh bien, cours aux enfers conter ce que tu vois ;

» A mes nobles aïeux va dire mes exploits ;

» Dis au fils de Thétis que son sang dégénère ;

» Mais avant, meurs !... » Il dit, et, d'un bras sanguinaire,

Du monarque traîné par ses cheveux blanchis,

Et nageant dans le sang du dernier de ses fils,

Il pousse vers l'autel la vieillesse tremblante ;

De l'autre, saisissant l'épée étincelante,

Lève le fer mortel, l'enfonce, et de son flanc

Arrache avec la vie un vain reste de sang.

Ainsi périt Priam ; ainsi la destinée

Marqua par cent malheurs sa mort infortunée.

Il périt, en voyant de ses derniers regards

Brûler son Ilion et tomber ses remparts.

Ce potentat, jadis si grand, si vénérable,

N'est plus qu'un tronc sanglant, qu'un débris
déplorable,

Dans la foule des morts tristement confondu,

Hélas ! et sans honneur sur le sable étendu.

(Énéide de Virgile, trad. de M. Delille.)

D. Quel fut le sort d'Hécube ?

R. Hécube, épouse de Priam, était sœur de Théano, prêtresse d'Apollon. Elle eut cinquante fils, qui périrent presque
touts sous les yeux de leur mère. Après la prise de la ville, on la
chercha long-temps sans la trouver ; mais enfin, Ulysse la surprit
parmi les tombeaux de ses enfants, et en fit son esclave. Avant
que de partir, elle avala les cendres d'Hector. Ayant arraché les
yeux à Polymnestor, roi de Thrace, elle fut poursuivie à coups de
pierres par les sujets de ce prince. Hécube mordait de rage les
pierres qu'on lui lançait ; elle fut métamorphosée en chienne.

HECTOR.

D. Racontez l'histoire d'Hector.

R. Hector, fils de Priam et d'Hécube, était le plus fort et le plus vaillant des Troyens. Il sortit avec gloire de plusieurs combats contre les plus redoutables guerriers d'entre les Grecs, tels qu'*Ajax* et *Diomède*. Suivant les oracles, l'empire de Priam ne pouvait être détruit, tant que le redoutable Hector vivrait. Durant la retraite d'Achille, il porta le feu jusque dans les vaisseaux ennemis, et tua *Patrocle*, qui voulait s'opposer à ses progrès. Le désir de la vengeance ramena Achille au combat. Hector fut défait par le fils de Thétis, qui lui ôta la vie, et attacha à son char le corps de son ennemi, qu'il traîna plusieurs fois autour de la ville.

Dans la tragédie d'*Hector*, par Luce de Lancival, Polydamas raconte ainsi à Pâris la mort du héros troyen.

> Dans les champs Phrygiens, l'ordre du sage Énée
>
> Tenait de nos guerriers la vaillance enchaînée ;
>
> Sortis de leurs remparts jusqu'alors assiégés,
>
> Sous leurs différents chefs les Grecs étaient rangés ;
>
> Entr'eux et les Troyens s'étend un large espace
>
> Où vont lutter la force et l'adresse et l'audace ;
>
> Les deux camps sont muets, et du combat fatal
>
> Chacun désire, attend, redoute le signal.
>
> Sitôt qu'Hector parut, on ouvrit la barrière.

« Le voilà, dit Achille enflammé de colère ;

» Viens, ton sang va payer le sang de mon ami !

» Le vainqueur de Patrocle est mon seul ennemi.

» C'est Hector que je veux ! » — C'est Hector qui t'immole, »

Lui répond votre frère. Il dit, et son trait vole,

Atteint le bouclier, y reste suspendu.

Achille est ébranlé du choc inattendu ;

Il prend son javelot, dans les airs le balance

Et, de tout son effort, à son tour il le lance.

Mais Hector le prévoit, et le coup est paré :

Du trait de son rival chacun s'est emparé.

Tandis qu'Achille, armé de la lance troyenne,

Fond sur Hector, Hector le frappe de la sienne :

Il brise sa cuirasse ; et le fer repoussé,

Sur le céleste acier se recourbe émoussé.

Leur sang, plus d'une fois, avait rougi la terre,

Ils luttaient tout couverts de sueur, de poussière,

Leur javelot brisé, leur casque renversé,

Et Jupiter entr'eux n'avait point prononcé,

Lorsque, suivi d'Hélène accourut votre père ;

Il s'écrie : à sa vue on s'agite, on espère ;

Et déjà deux hérauts plaçaient en même temps

Leur sceptre pacifique entre les combattants.

Mais Achille frémit de perdre sa victime :

Son courage, ou plutôt sa fureur se ranime ;

Il presse Hector, Hector résiste ; mais soudain

Son fer se brise, éclate, échappe de sa main…

Que pouvait sa vaillance ?… Il est atteint !… il tombe…

Troie entière descend avec lui dans la tombe…

La mort d'Hector n'a point désarmé le vainqueur ;

Tournez les yeux, voyez un spectacle d'horreur !

Voyez après son char dégouttant de carnage,

Les pieds gonflés des nœuds qu'a redoublés la rage,

Notre Hector suspendu ! Son front défiguré,

Ce front terrible aux Grecs, des Troyens adoré,

Roule, et sillonne au loin la fange qui le souille.

De ses longs cheveux noirs la flottante dépouille

Sème de ses débris le sol ensanglanté :

Ulysse, Ulysse même en est épouvanté.

Achille, l'œil terrible et la main menaçante,

Presse, à coups redoublés, vers les rives du Xanthe,

Ses coursiers, qui, toujours dociles à sa voix,

Refusent d'obéir pour la première fois.

L'impitoyable Achille, orgueilleux de son crime,

Sourit, d'un air affreux, à sa pâle victime,

Triomphe d'un cadavre, et, bravant touts les dieux,

De son sang qui ruisselle il enivre ses yeux.

D. Que devint Andromaque, femme d'Hector ?

R. Andromaque, privée d'un époux qu'elle aimait tendrement, vit bientôt réduire en cendres la ville dont Hector était le principal appui. Elle vit son fils Astyanax précipité du haut des murailles de Troie par le cruel Pyrrhus. Elle tomba en partage à ce même Pyrrhus, fils du meurtrier de son mari, et auteur de la mort de son fils. Pyrrhus l'emmena en Épire, et l'épousa.

Elle eut pour troisième époux Hélénus, frère de son premier mari, qui régna en Epire, après la mort de Pyrrhus. Elle regretta toujours Hector, auquel elle fit construire un magnifique monument.

Quelques auteurs ont prétendu qu'un enfant supposé fut précipité du haut des murs de la ville, au lieu d'Astyanax, et que ce jeune prince suivit sa mère en Épire. C'est cette tradition, que Racine a suivie dans sa belle tragédie d'*Andromaque*. Le poète a feint qu'Andromaque ne se décidait à épouser Pyrrhus, que pour sauver la vie à son fils.

D. Rapportez les belles scènes où Racine peint les combats d'Andromaque, entre la crainte de perdre son fils, et l'horreur de donner sa main à Pyrrhus.

R. Céphise, confidente d'Andromaque, engage cette princesse à sauver son fils, en cédant aux vœux de Pyrrhus.

Céphise.

Madame, à votre époux c'est être assez fidèle :

Trop de vertu pourrait vous rendre criminelle.

Lui-même il porterait votre âme à la douceur.

Andromaque.

Quoi ! je lui donnerais Pyrrhus pour successeur ?

Céphise.

Ainsi le veut son fils que les Grecs vous ravissent.

Pensez-vous qu'après tout ses manes en rougissent ;

Qu'il méprisât, Madame, un roi victorieux

Qui vous fait remonter au rang de vos aïeux,

Qui foule aux pieds pour vous vos vainqueurs en colère,

Qui ne se souvient plus qu'Achille était son père

Qui dément ses exploits et les rend superflus ?

Andromaque.

Dois-je les oublier, s'il ne s'en souvient plus ?

Dois-je oublier Hector privé de funérailles,

Et traîné sans honneur autour de nos murailles ?

Dois-je oublier son père à mes pieds renversé,

Ensanglantant l'autel qu'il tenait embrassé ?

Songe, songe, Céphise, à cette nuit cruelle

Qui fut pour tout un peuple une nuit éternelle :

Figure-toi Pyrrhus, les yeux étincelants,

Entrant à la lueur de nos palais brûlants,

Sur touts mes frères morts se faisant un
passage,

Et, de sang tout couvert, échauffant le carnage ;

Songe aux cris des vainqueurs, songe aux
cris des mourants

Dans la flamme étouffes, sous le fer expi-
rants ;

Peins-toi dans ces horreurs Andromaque
éperdue :

Voilà comme Pyrrhus vint s'offrir à ma vue,

Voilà par quels exploits il sut se couronner :

Enfin, voilà l'époux que tu veux me donner.

(Acte 3e, Scène 8e.)

Enfin Andromaque s'est décidée à se sacrifier pour conserver les jours de son fils. Elle déclare à Céphise le dessein où elle est de se donner la mort, après avoir engagé sa foi à Pyrrhus.

Andromaque.

.... O ma chère Céphise,

Ce n'est point avec toi que mon cœur se
déguise.

Ta foi dans mon malheur s'est montrée à
mes yeux ;

Mais j'ai cru qu'à mon tour tu me connaissais
mieux.

Quoi donc ! as-tu pensé qu'Andromaque
infidèle

Pût trahir un époux qui croit revivre en elle ;

Et que, de tant de morts réveillant la douleur,

Le soin de mon repos me fit troubler le leur ?

Est-ce là cette ardeur tant promise à sa cendre ?

Mais son fils périssait, il l'a fallu défendre.

Pyrrhus en m'épousant s'en déclare l'appui ;

Il suffit : je veux bien m'en reposer sur lui.

Je sais quel est Pyrrhus : violent, mais sin-
cère,

Céphise, il fera plus qu'il n'a promis de faire.

Sur le courroux des Grecs je m'en repose
encor ;

Leur haine va donner un père au fils d'Hector.

Je vais donc, puisqu'il faut que je me sacri-
fie,

Assurer à Pyrrhus le reste de ma vie ;

Je vais, en recevant sa foi sur les autels,

L'engager à mon fils par des nœuds immortels.

Mais aussitôt ma main, à moi seule funeste,

D'une infidelle vie abrégera le reste ;

Et, sauvant ma vertu, rendra ce que je dois

A Pyrrhus, à mon fils, à mon époux, à moi.

Céphise.

Ah ! ne prétendez pas que je puisse survivre…

Andromaque.

Non, non, je te défends, Céphise, de me suivre ;

Je confie à tes soins mon unique trésor :

Si tu vivais pour moi, vis pour le fils d'Hector,

De l'espoir des Troyens seule dépositaire,

Songe à combien de rois tu deviens nécessaire.

Veille auprès de Pyrrhus ; fais-lui garder sa foi

S'il le faut, je consens qu'on lui parle de moi.

Fais-lui valoir l'hymen ou je me suis rangée :

Dis-lui qu'avant ma mort je lui fus engagée ;

Que ses ressentiments doivent être effacés ;

Qu'en lui laissant mon fils, c'est l'estimer assez.

Fais connaitre à mon fils les héros de sa race ;

Autant que tu pourras, conduis-le sur leur trace :

Dis-lui par quels exploits leurs noms ont éclaté,

Plutôt ce qu'ils ont fait que ce qu'ils ont été :

Parle-lui touts les jours des vertus de son père ;

Et quelquefois aussi parle-lui de sa mère.

Mais qu'il ne songe plus, Céphise, à nous venger ;

Nous lui laissons un maître, il le doit ménager.

Qu'il ait de ses aïeux un souvenir modeste :

Il est du sang d'Hector ; mais il en est le reste ;

Et pour ce reste enfin j'ai moi-même, en un jour,

Sacrifié mon sang, ma haine, et mon amour.

(Acte 4e, scène Ire.)

Pâris.

D. Faites connaitre Pâris.

R. *Pâris*, fils de Priam et d'Hécube, fut aussi appelé *Alexandre*. Pendant que sa mère le portait dans son sein, elle rêva qu'elle accouchait d'un flambeau qui embrasait la ville de Troie. Les devins consultés répondirent que l'enfant causerait un jour la ruine de sa patrie. Priam, effrayé de cet oracle, livra le jeune prince à un de ses serviteurs, et lui ordonna de le mettre à mort. Mais le serviteur, touché de la beauté de Pâris et des larmes de sa mère, le donna à des bergers du mont Ida, qui l'élevèrent. Il devint bientôt le plus beau et le plus célèbre des pasteurs. La nature le dédommagea de l'empire dont l'avait privé la fortune. Il se fit aimer de la nymphe *Œnone*, et l'épousa.

D. Quel événement vint troubler le bonheur de Pâris ?

R. Ce fut la dispute qui s'éleva entre Junon, Minerve et Vénus. Touts les dieux avaient été invités aux noces de Thétis et de Pélée. La *Discorde*, qui en avait été exclue, et qui voulait venger son affront, vint, au milieu d'un nuage, et jeta sur la table du festin, une pomme d'or, avec cette inscription : *à la plus belle*. Junon, Vénus et Pallas prétendirent exclusivement à la pomme, et demandèrent un juge impartial. Jupiter chargea Mercure de conduire les trois déesses sur le mont Ida, pour y subir le jugement de Pâris. Junon promit au jeune berger le pouvoir et la richesse ; Minerve, le savoir et la vertu ; Vénus lui promit de le faire aimer de la plus belle femme de l'univers. Pâris adjugea la pomme à Vénus. De la vint la haine de Junon et de Minerve contre les Troyens.

> Au superbe festin touts les dieux invités
>
> Partageaient le bonheur des époux enchantés.
>
> La main de la Discorde, entr'ouvrant un nuage,

Du désordre prochain fait briller le présage ;

Elle tient un fruit d'or, où ces mots sont écrits :

« Le sort à la plus belle a réservé ce prix. »

On sait quel fut le trouble entre les immortel-
les,

Qui toutes prétendaient à l'empire des belles,

Et qu'enfin Jupiter, qui n'osa les juger,

Fit dépendre ce droit de l'arrêt d'un berger.

(La Motte.)

D. A quelle occasion Pâris vint-il à la cour de Priam, son père ?

R. Priam fit célébrer des jeux à sa cour. Pâris s'y rendit, combattit contre ses frères, et les vainquit. Hector, indigné d'avoir été
défait par un berger, le poursuivit, et voulait lui donner la mort.
Mais Pâris se fit reconnaitre de son frère qui le présenta à Priam.
Le roi reçut son fils avec joie, oublia les fatales prédictions, et lui
donna un appartement dans son palais. Bientôt après, il l'envoya
à Salamine, pour redemander Hésione. C'est dans ce voyage,
que Pâris enleva la belle Hélène, et donna lieu à la guerre qui
amena la ruine de Troie. Durant la traversée, le vieux Nérée lui
prédit les malheurs qui seraient la suite de ce funeste enlèvement.

D. Comment mourut Pâris ?

R. Pâris, pendant le siège de Troie, combattit contre Ménélas,
et ne se déroba aux coups du héros grec, que par la protection
de Vénus. Il blessa Diomède, Machaon, Antilochus, Palamède,
et donna lâchement la mort à Achille. Philoctète le perça d'une
de ses flèches. Pâris alla mourir entre les bras de sa chère
Œnone, qui lui pardonna son infidélité.

D. Quel fut le sort de Cassandre, sœur de Pâris et d'Hector ?

R. Cassandre obtint d'Apollon qui l'aimait, le don de prédire l'avenir. Mais ensuite ce dieu, irrité des dédains de la princesse, empêcha qu'on ne crût à ses prédictions, et la fit passer pour folle. On l'enferma dans une tour, où elle ne cessait de chanter les malheurs de sa patrie. On n'ajouta foi à ses oracles, qu'après l'événement. Elle échut en partage à Agamemnon qui l'emmena en Grèce. Elle prévint ce prince des malheurs qui l'attendaient dans ses états. Sa prédiction eut le destin accoutumé. Clytemnestre fit massacrer Cassandre avec les enfants que l'infortunée Troyenne avait eus d'Agamemnon.

LAOCOON

D. Qui était Laocoon ?

R. Laocoon, fils de Priam et d'Hécube, était prêtre d'Apollon et de Neptune. Il fit touts ses efforts pour empêcher les Troyens d'introduire le cheval de bois dans leurs murs. Il regardait cette machine comme une ruse qui devait être fatale à la ville. Il lança sa javeline dans les flancs du cheval, et l'on entendit retentir le bruit des armes qui y étaient renfermées. Mais les Troyens aveuglés, ne voulurent point écouter les sages conseils de Laocoon. Ils l'accusèrent d'impiété, pour avoir violé un don offert à Minerve. Le ciel même parut bientôt punir Laocoon de sa témérité. Deux affreux serpents, sortis de la mer, vinrent droit à l'autel, où sacrifiait Laocoon, se jetèrent sur ses deux fils, et après les avoir déchirés impitoyablement, saisirent Laocoon lui-même qui venait à leur secours, et le firent périr misérablement.

Cette aventure a donné lieu à un des plus beaux morceaux de sculpture grecque, que nous possédions. Ce chef-d'œuvre est de la main de Polydore, d'Athénodore et d'Agésandre, trois excellents maîtres de Rhodes, qui le taillèrent de concert d'un seul bloc de marbre.

D. Récitez les beaux vers dans lesquels M. Deguerle décrit, d'après Pétrone, les malheurs de Laocoon et de ses enfants.

R. Les voici :

Pergame, après dix ans de siège, de carnage,

Bravait encor des Grecs le superbe courage.

Ces Grecs si fiers, armés sur la foi de Calchas,

Comptaient en frémissant leurs stériles combats.

Mais l'oracle a parlé : sous la hache abat-
tues,

L'Ida voit ses forêts à ses pieds descendues.

De leurs débris formé, l'œil fixe, menaçant,

Un cheval monstrueux s'élève ; et dans son
flanc

Mille guerriers cachés, contre dix ans d'of-
fense,

Méditent sans honneur une lâche vengeance.

D'Atride cependant la flotte a disparu,

Ilion, à la paix tu crus ton sol rendu !

Vers des bords étrangers ces voiles fugiti-
ves,

Un perfide à dessein rejeté sur tes rives,

Et ce coursier nouveau qu'un repentir pieux,

Pour les calmer, dit-on, offre enfin à tes
dieux ;

Tout flattait ta pensée, et l'heureuse Phrygie

Ressaisit en espoir le sceptre de l'Asie.

Déjà de ses remparts, le peuple à flots pressés,

S'élance, humide encor des pleurs qu'il a
versés ;

Son œil sur chaque objet librement se pro-
mène.

Il sourit, mais son cœur se rassure avec
peine ;

Et, dans ce camp désert, si long-temps re-
douté,

Un reste de frayeur se mêle à sa gaieté.

Laocoon parait, prêtre cher à Neptune ;

Vers ce cheval hideux dont l'aspect l'importune.

Il marche, tourmenté d'un noir pressentiment.

Ses cheveux sur son sein descendent tristement,

Et la cendre a souillé sa barbe vénérable.

« Fuyez ! fuyez ! dit-il, d'une voix lamentable ;

» Ce présent vient des Grecs, c'est le don de la mort. »

A ces mots, de sa main qu'anime un noble effort,

Un trait part... Mais quel dieu rend ce trait inutile ?

Il tombe, et meurt aux pieds du colosse immobile.

Un vain peuple applaudit à cet arrêt des cieux.

La hache cependant porte un coup plus heureux :

Le monstre est ébranlé. Ses entrailles mugissent ;

Sous leur abri douteux les Grecs tremblants pâlissent.

Pour la première fois dans le crime incertains,

Ils redoutent la nuit, ouvrage de leurs mains ;

Un moment peut les perdre... ô funeste vertige !

Le malheureux Troyen crie encore au prodige.

« Contre Ilion, dit-il, un prêtre criminel

» Arma par son forfait la colère du ciel ?

» Ce cheval est sacré ! protecteur de Pergame,

» Qu'il habite en son sein, un temple l'y ré-
clame ! »

Peuple aveugle ! en tes murs, avec pompe
escorté,

Il s'avance, et demain tes murs auront été.

Des bords où Ténédos s'élève au sein de
l'onde,

Un bruit sourd est parti. La mer s'émeut et
gronde ;

Le flot poursuit le flot qui murmure et s'enfuit.

Tel Neptune se plaint dans l'ombre de la nuit,

Quand la rame docile à la main qui la guide,

Fend à coups redoublés-son domaine liquide.

Soudain, à nos regards, deux dragons furieux

Se présentent : la foudre étincelle en leurs
yeux.

Sous leurs bonds convulsifs en temps égaux
pressée

L'onde écume, et jaillit jusqu'aux cieux élan-
cée.

Leur crête se hérisse : à leurs mugissements

La rive au loin répond par ses gémissements.

Un triple dard s'agite en leur gueule enflammée,

Et de leurs naseaux roule un torrent de fumée.

Tout tremble : fruits jumeaux d'un hymen
plein d'appas,

Tes fils, Laocoon, avaient suivi tes pas ;

Tes fils, portraits vivants d'une mère adorée,

Comme toi, revêtus de la robe sacrée.

Le couple affreux s'enlace ; et, l'œil rouge de
sang,

Sur sa double victime il s'élance en sifflant.

La peur éteint leurs voix sur leurs lèvres gla-
cées ;

De replis écailleux leurs mains embarras-
sées

Appellent, mais en vain, un secours frater-
nel :

Sur leurs yeux déjà pèse un sommeil éternel ;

Et toi, vieillard débile ! ô trop malheureux
père !

Quel transport t'a poussé sous la dent meur-
trière ?

Pour la combattre, hélas ! tu n'as que ton
amour :

Ton trépas à tes fils rendra-t-il donc le
jour ?...

Tu tombes ! et vers Troie, à ton heure dernière,

Se tourne avec douleur ta mourante paupière.

Bientôt Phébé, du haut de son char argenté,

Vient colorer les airs de sa pâle clarté.

Les enfants d'Ilion dormaient dans le silence ;

Ils dormaient ! et bercé d'une douce espérance,

Ce bon peuple revoit un heureux lendemain.

Mais du cheval fécond le flanc s'ouvre, et soudain

La mort avec les Grecs dans nos mars est vomie.

Leur fer, long-temps captif, s'agite avec furie.

Comme, affranchi du mors, vole un coursier fougueux,

L'œil fier, et de ses crins battant ses flancs poudreux :

Tel, au palais des rois, affamé de carnage,

Sur des monceaux de morts Pyrrhus s'ouvre un passage.

Là, malgré quarante ans de gloire et de vertus,

Priam expire aux pieds d'un trône qui n'est plus.

Le sang troyen ruisselle ; et le glaive homicide

Moissonne au même instant et la vierge timide,

Et le faible vieillard, et l'enfant au berceau.

Ilion n'offre plus qu'un immense tombeau ;

Et l'autel même où fume une flamme sacrée

Fournit les feux vengeurs dont Troie est dévorée.

ÉNÉE.

D. Quels sont les principaux traits de la vie d'Énée ?

R. Énée, fils d'Anchise et de Vénus, avait épousé *Créuse*, fille de Priam. Il montra beaucoup de valeur pendant le siège de Troie. Dans la nuit où cette ville infortunée succomba, Énée chargea sur son dos son père Anchise, avec ses dieux pénates, prit son fils *Ascagne* par la main, et se retira sur le mont *Ida*, avec ce qu'il put recueillir de Troyens. Il équipa une flotte, et après avoir erré pendant sept ans sur différentes mers, toujours poursuivi par Junon, ennemie implacable du nom troyen, il aborda en Italie, où il obtint *Lavinie*, fille du roi Latinus. Cette princesse avait été promise à Turnus, roi des Rutules, qui fit la guerre à Énée, fut vaincu et perdit la vie. Énée succéda à Latinus. Après quatre années d'un règne paisible, les Rutules, ligués avec les Étruriens, recommencèrent la guerre. Il se livra une sanglante bataille sur les bords du Numicius, appelé depuis *Numicio*. Énée disparut dans cette journée. Il se noya peut-être dans la rivière, ou bien il fut tué par les Toscans. On lui éleva un monument sur les bords du Numicius, et les Romains l'honorèrent sous le nom de *Jupiter indigète*.

D. Quel fut le successeur d'Énée ?

R. Ce fut son fils Ascagne ou *Iule*, qui, après trente ans de règne, bâtit *Albe-la-Longue*, dont il fit la capitale de son royaume. Cette ville est regardée comme le berceau de l'empire romain, parce que *Romulus* et *Rémus* étaient petits-fils de Numitor, roi d'Albe. Tullus-Hostilius, troisième roi des Romains, détruisit la ville d'Albe, et en transporta les habitants à Rome.

D. Quel fut le sort de Créuse, première femme d'Énée ?

R. Dans la nuit de l'embrasement de Troie, *Créuse* était réunie à son époux Énée, et au vieillard Anchise, qui ne pouvaient se fixer sur le parti qu'ils devaient prendre. Anchise ne se décidait point à quitter la ville. Mais une flamme légère voltigea tout à coup autour de la tête d'Ascagne, sans brûler ses cheveux ; le tonnerre se fit entendre en même temps à gauche. Ces augures leur parurent favorables. Ils prirent la résolution d'aller chercher un établissement dans les pays étrangers. Créuse partit avec eux ; mais, arrivé au lieu qu'il avait désigné à ses compagnons, Énée s'aperçut que son épouse était absente. Il revint à la ville, et la chercha vainement. L'ombre de Créuse lui apparut, et lui révéla que Cybèle l'avait enlevée pour la soustraire aux insultes du vainqueur.

D. Quel poète célèbre a chanté les malheurs d'Énée ?

R. C'est Virgile, poète latin, qui vivait sous Auguste. Son *Énéide* est le plus beau monument qui nous reste de l'antiquité. Virgile trace exactement le cours de la navigation d'Énée. Il feint qu'après le départ du héros troyen, Junon va trouver le roi des vents, et lui demande d'exciter une tempête pour faire périr le fils de Vénus et ses compagnons. Éole cède aux désirs de la reine des dieux. La flotte d'Énée aurait été submergée dans les flots, si Neptune n'eût calmé l'orage, et fait rentrer les vents dans leur antre. Cependant Vénus s'adresse à Jupiter, et lui rappelle ses promesses en faveur du pieux Énée. Jupiter assure de nouveau à Vénus que son fils arrivera heureusement en Italie, où sa postérité doit régner. Mercure est envoyé à Carthage pour disposer la reine *Didon* à recevoir favorablement Énée. Le prince passe quelque temps à la cour de cette reine ; il lui fait le récit du siège et de la ruine de Troie. Didon s'efforce de retenir Énée auprès d'elle. Mais Jupiter ordonne au héros de partir et de continuer sa route. Il relâche à Drépane en Italie, où il célèbre des jeux funèbres sur la tombe de son père Anchise. Il descend ensuite aux enfers, conduit par la Sibylle. Anchise lui révèle sa destinée et celle de ses descendants. De retour des enfers, il vient camper sur les bords du Tibre. Là, l'accomplissement des oracles lui fait connaitre que ses courses sont terminées.

D. Didon et Énée ont-ils vécu réellement dans le même temps ?

R. Non. Énée vivait plus de 500 ans avant Didon. Virgile n'a imaginé la passion de Didon pour Énée, qu'afin de décrire les fameux intérêts qui ont si long-temps divisé *Rome* et *Carthage*.

Didon, fille de Bélus, roi de Tyr, avait épousé *Sichée*, le plus riche de tous les Phéniciens. Pygmalion, frère de Didon, entraîné par la passion des richesses, assassina Sichée au pied des autels. Il cacha long-temps son crime à sa sœur. Mais Sichée, privé des honneurs de la sépulture, apparut à Didon, lui révéla le crime de Pygmalion, et l'engagea à prendre la fuite. Didon rassembla tous ceux qui haïssaient ou craignaient le tyran, et partit avec les richesses de Sichée et celles de l'avare Pygmalion. Elle aborda en Afrique, et y bâtit Carthage. Lorsqu'Énée l'eut quittée, elle s'abandonna au désespoir, et se donna la mort. Tel est le récit de Virgile, qui a donné lieu à une épigramme du poète latin Ausone, ainsi traduite en vers français :

> Pauvre Didon, ou t'a réduite
>
> De tes maris le triste sort ?
>
> L'un, en mourant cause ta fuite ;
>
> L'autre, en fuyant cause ta mort.

D. Récitez-nous les beaux vers dans lesquels le traducteur de Virgile a si bien rendu les fureurs de Didon après le départ d'Énée, et la haine qui doit diviser à jamais Rome et Carthage.

R. Les voici :

> L'Aurore abandonnait la couche de Tithon,
>
> Et la Nuit pâlissait de son premier rayon :
>
> Didon, du haut des tours, jetant les yeux sur l'onde,
>
> Les voit voguer au gré du vent qui les seconde.
>
> Le rivage désert, les ports abandonnés,
>
> Frappent d'un calme affreux ses regards consternés.

Aussitôt, arrachant sa blonde chevelure,

Se meurtrissant le sein : « O dieux ! quoi ! ce parjure,

» Quoi ! ce lâche étranger aura trahi mes feux,

» Aura bravé mon sceptre, et fuira de ces lieux !

» Il fuit ; et mes sujets ne s'arment pas encore !

» Ils ne poursuivent pas un traître que j'abhorre !

» Partez, courez, volez, montez sur ces vaisseaux :

» Des voiles, des rameurs, des armes, des flambeaux !

» Que dis-je ? où suis-je ? hélas ! et quel transport m'égare ?

» Malheureuse Didon ! tu le hais, le barbare :

» Il fallait le haïr, quand ce monstre imposteur

» Vint partager ton trône et séduire ton cœur.

» Voilà donc cette foi, cette vertu sévère,

» Ce fils qui se courba noblement sous son père,

» Cet appui des Troyens, ce sauveur de ses dieux !

» Ah ciel ! lorsque l'ingrat s'échappait de ces lieux,

» Ne pouvais-je saisir, déchirer le parjure,

» Donner à ses lambeaux la mer pour sépulture,

» Ou massacrer son peuple, ou de ma propre main

» Lui faire de son fils un horrible festin

» Mais le danger devait arrêter ma furie…

» Le danger ! en est-il alors qu'on hait la vie ?

» J'aurais saisi le fer, allumé les flambeaux,

» Ravagé tout son camp, brûlé touts ses vaisseaux,

» Submergé ses sujets, égorgé l'infidèle,

» Et son fils, et sa race, et moi-même après elle :

» Soleil, dont les regards embrassent l'univers !

» Reine des dieux, témoin de mes affreux revers !

» Triple Hécate, pour qui dans l'horreur des ténèbres

» Retentissent les airs de hurlements funèbres !

» Pâles filles du Styx ! vous touts, lugubres dieux !

» Dieux de Didon mourante, écoutez donc mes vœux !

» S'il faut qu'enfin ce monstre, échappant au naufrage,

» Soit poussé dans le port, jeté sur le rivage,

» Si c'est l'arrêt du sort, la volonté des cieux ;

» Que du moins, assailli d'un peuple audacieux,

» Errant dans les climats où son destin l'exile,

» Implorant des secours, mendiant un asile,

» Redemandant son fils arraché de ses bras,

» De ses plus chers amis il pleure le trépas !

» Qu'une honteuse paix suive une guerre affreuse ;

» Qu'au moment de régner, une mort malheureuse

» L'enlève avant le temps ! qu'il meure sans secours,

» Et que son corps sanglant reste en proie aux vautours !

» Voilà mon dernier vœu : du courroux qui m'enflamme,

» Ainsi le dernier cri s'échappe avec mon âme.

» Et toi, mon peuple, et toi, prends son peuple en horreur :

» Didon au lit de mort te lègue sa fureur ;

» En tribut à ta reine offre un sang qu'elle abhorre :

» C'est ainsi que mon ombre exige qu'on l'honore.

» Sors de ma cendre, sors, prends la flamme et le fer,

» Toi qui dois me venger des enfants de Teucer !

» Que le peuple latin, que le fils de Carthage,

» Opposés par les lieux, le soient plus par leur rage !

» Que de leurs ports jaloux, que de leurs murs rivaux,

» Soldats contre soldats, vaisseaux contre vaisseaux,

» Courent ensanglanter et la mer et la terre !

» Qu'une haine éternelle éternise la guerre !

» Que l'épuisement seul accorde le pardon !

» Énée est à jamais l'ennemi de Didon :

Entre son peuple et toi, point d'accord, point de grâce !

» Que la guerre détruise, et que la paix menace !

» Que ses derniers neveux s'arment contre les miens !

» Que mes derniers neveux s'acharnent sur les siens ! »

(Trad. de M. Delille.)

DES SEPT MERVEILLES DU MONDE.

Demande. Qu'appelez-vous les sept merveilles du monde ?

Réponse. Ce sont sept édifices ou monuments, qui ont fait en tout temps l'admiration des hommes.

D. Quels sont ces monuments ?

R. Ce sont les murs et les jardins de Babylone, le phare d'Alexandrie, le mausolée, le colosse de Rhodes, le temple de Diane, le Jupiter Olympien, et les pyramides d'Égypte.

LES MURS ET

LES JARDINS DE BABYLONE.

D. A qui cette merveille est-elle attribuée ?

R. A Sémiramis, reine de Babylone, qui monta sur le trône l'an 2164 avant Jésus-Christ. Elle s'immortalisa par ces magnifiques ouvrages, encore plus que par sa valeur extraordinaire.

> Que la reine en ces lieux brillants de sa splendeur,
>
> De son puissant génie imprime la grandeur !
>
> Quel art a pu former ces enceintes profondes,
>
> Ou l'Euphrate égaré porte en tribut ses ondes !
>
> Ce temple, ces jardins dans les airs soutenus,
>
> Ce vaste mausolée où repose Ninus ?
>
> (Voltaire.)

D. Qu'est-ce que les jardins de Babylone avaient de remarquable ?

R. Ils étaient d'une beauté surprenante, très-vastes, et soutenus en l'air par des colonnes.

D. En quoi consistait la beauté des murs de Babylone ?

R. Ces murs étaient d'une hauteur et d'une épaisseur étonnantes. Ils avaient quatre-vingt-sept pieds d'épaisseur, trois cent cinquante pieds de hauteur ; et quatre cent quatre-vingts stades (vingt lieues) de circuit. Ils formaient un carré parfait dont chaque côté était de cent vingt stades ou cinq lieues. Chaque côté avait vingt-cinq portes : ce qui faisait en tout cent portes. Toutes ces portes étaient d'airain massif ; d'où vient que lorsque Dieu promit à Cyrus la conquête de Babylone, il lui dit ; (*Isaïe*, chap. 25) "*Je romprai les portes d'airain.*"

Le phare d'Alexandrie.

D. Faites-nous connaitre le phare d'Alexandrie.

R. C'était un superbe édifice qui fut élevé par le célèbre architecte Sostrate, natif de Gnide, d'après l'ordre de Ptolomée Philadelphe, roi d'Égypte. Ce monument, dont il ne reste plus aujourd'hui que quelques débris, consistait en un palais de marbre blanc, au-dessus duquel s'élevait à une hauteur prodigieuse, une tour carrée, aussi de marbre blanc, avec des galeries placées les unes au-dessus des autres et formées par de belles colonnes. Au haut de la tour, on allumait touts les soirs un fanal pour éclairer l'entrée du port. Quelques-uns prétendent que de là l'on découvrait touts les vaisseaux qui abordaient à l'île de Rhodes, éloignée de deux cents lieues.

Le Mausolée.

D. Que signifie le mot mausolée ?

R. On a donné ce nom à touts les tombeaux magnifiques. Il vient du roi *Mausole*, à qui Artémise, son épouse, reine de Carie, fit élever un superbe tombeau, dans la ville d'Halycarnasse, capitale du royaume, entre le palais du roi et le temple de Vénus. Ce tombeau fut appelé *Mausolée*, du nom de celui à qui il était consacré. Artémise ne vit point la fin de cet ouvrage. Elle mourut du chagrin que lui causa la perte de son mari, l'an 1351 avant J.-C.

LE COLOSSE DE RHODES.

D. Dites ce que c'était que le colosse de Rhodes.

R. C'était une statue d'airain qui représentait Apollon. Elle était placée à l'entrée du port de Rhodes, les deux pieds sur les rochers. La hauteur de cette statue était si prodigieuse, que les vaisseaux passaient a la voile entre ses jambes, et qu'un homme pouvait à peine embrasser un de ses pouces. On dit qu'elle avait cent cinq pieds de haut.

D. Comment ce colosse fut-il renversé ?

R. Il fut renversé par un tremblement de terre, cinquante-six ans après qu'il eut été construit. Un calife des Sarrasins vendit les débris à un marchand juif, qui en chargea neuf cents chameaux.

D. Par qui le colosse de Rhodes avait-il été élevé ?

R. Par Charès, sculpteur lydien, disciple de Lysippe. Il y employa douze ans.

Le temple de Diane.

D. Par qui fut bâti le temple de Diane ?

R. Il fut bâti par Ctésiphon, architecte grec, et par Métagène son fils. Il était soutenu par cent vingt-sept colonnes de soixante pieds, dont chacune avait été donnée par un souverain. La charpente était de cèdre, et les portes de cyprès. Après qu'il eut été brûlé par Erostrate, il fut remplacé par un autre qui avait quatre cent vingt-cinq pieds de longueur sur deux cent vingt de largeur, et qui surpassait, dit-on, le premier en magnificence. Il reste de ce temple quelques fragments qui donnent l'idée d'une sculpture riche et de bon goût.

LE JUPITER OLYMPIEN.

D. Qu'entendez-vous par le Jupiter Olympien ?

R. C'est la statue de ce dieu, qui était placée dans le temple d'Olympie, ville d'Élide, située entre le mont Ossa et le mont Olympe.

D. Qui avait fait cette statue ?

R. Phidias, sculpteur d'Athènes, fit cette statue qui fut regardée comme un prodige. Il n'oublia rien pour lui donner la dernière perfection. Avant que de l'achever entièrement, il l'exposa aux yeux du public, se tenant caché derrière une porte, d'où il entendait le jugement des connaisseurs ou de ceux qui croyaient l'être. Il profita de toutes les critiques judicieuses, persuadé que plusieurs yeux valent mieux qu'un seul.

D. Faites-nous la description de ce monument.

R. La statue était d'or et d'ivoire, haute de soixante pieds et d'une grosseur proportionnée. Elle représentait le dieu assis sur un trône d'or et d'ivoire enrichi de pierres précieuses. Il portait sur la tête une couronne qui semblait être de branches d'olivier. Il tenait à la main droite une victoire d'or et d'ivoire ; à la gauche, un sceptre surmonté d'un aigle. La chaussure et le manteau étaient d'or.

Le temple pouvait lui-même passer pour une merveille. Il était enrichi de tout ce que la peinture et la sculpture pouvaient offrir de plus rare et de plus précieux ; les plus beaux marbres, le bronze, l'or et l'ivoire décoraient l'intérieur de ce superbe édifice.

LES PYRAMIDES D'ÉGYPTE.

D. Par qui les pyramides d'Égypte furent-elles élevées ?

R. Par les rois d'Égypte. Ce sont des colosses d'architecture, que l'on voit à quelque distance de Memphis et dans le voisinage du grand Caire. Les pyramides subsistent depuis 4000 ans ; elles servaient de sépulture aux rois d'Égypte. Il y en a trois qui étonnent l'imagination.

LES SEPT SAGES DE LA GRÈCE.

Demande. Dites-nous les noms des sept sages de la Grèce.

Réponse. Le premier était Thalès ; le deuxième Chilon ; le troisième Solon ; le quatrième Cléobule, le cinquième Pittacus ; le sixième Bias ; le septième Périandre.

THALÈS.

D. Faites connaitre Thalès.

*R.*Thalès, le premier des sept sages de la Grèce, naquit à Milet, vers l'an 640 avant Jésus-Christ, d'une famille illustre. Pour profiter des lumières de ce qu'il y avait alors de plus habiles gens, il fit plusieurs voyages, selon la coutume des anciens. Il s'arrêta long-temps en Égypte, où il étudia, sous les prêtres de Memphis, la géométrie, l'astronomie, et la philosophie. Il fonda une secte de philosophes, appelée la secte *Ionique*.

Il recommandait sans cesse à ses disciples de vivre dans une douce union. "« Ne vous haïssez point, leur disait-il, parce que vous pensez différemment les uns des autres ; mais aimez-vous plutôt, parce qu'il est impossible que, dans cette variété de sentiments, il n'y ait quelque point fixe ou touts les hommes viennent se réunir. »"

On attribue à Thalès, plusieurs sentences dont les principales sont :

I. Il ne faut rien dire à personne dont il puisse se servir pour nous nuire ; il faut vivre avec nos amis, comme s'ils pouvaient devenir nos ennemis.

II. Ce qu'il y a de plus ancien, c'est *Dieu*, car il est incréé ; de plus beau, le *monde*, parce qu'il est l'ouvrage de Dieu ; de plus grand, l'*espace*, car il contient tout ce qui a été créé ; de plus prompt, l'*esprit* ; de plus fort, la *nécessité* ; de plus sage, le *temps*, car il apprend à le devenir ; de plus constant, l'*espérance*, qui reste seule à l'homme, quand il a tout perdu ; de meilleur, la *vertu*, sans laquelle il n'y a rien de bon,

III. La chose la plus difficile du monde est de *se connaitre soi-même* ; la plus facile, de *conseiller les autres* ; et la plus douce, l'*accomplissement de ses désirs.*

IV. Pour bien vivre, il faut s'abstenir des choses que l'on trouve répréhensibles dans les autres.

V. La félicité du corps consiste dans la *santé*, et celle de l'esprit dans le *savoir*.

Thalès mourut à quatre-vingt-dix ans, sans avoir été marié. Sa mère le pressa en vain de prendre une femme. Il lui répondit, lorsqu'il était encore jeune : "*Il n'est pas encore temps*" ; et lorsqu'il fut sur le retour : "*Il n'est plus temps.*"

CHILON.

D. Que sait-on de Chilon ?

*R.*Chilon était éphore de Sparte, vers l'an 556 avant Jésus-Christ. Il mena une vie toujours conforme à ses préceptes : il pensait avec une grande justesse. Il répondit à quelqu'un qui lui demandait ce qu'il y avait, de plus difficile : — *"Garder le secret, savoir employer le temps, et souffrir les injures sans murmurer"*.

Il avait coutume de dire que, "« comme les pierres de touche servent à éprouver l'or, de même l'or répandu parmi les hommes, était la pierre de touche des gens de bien et des méchants. »"

Voici encore quelques-unes de ses maximes : — "Honore les vieillards." — "Ne médis jamais des morts." — "Sois plutôt jaloux d'être estimé que craint."

C'est lui qui fit graver en lettres d'or ces maximes au temple de Delphes : *"Connais-toi toi-même, et ne désire rien de trop avantageux."*

On dit que Chilon mourut de joie, en embrassant soit fils qui avait remporté le prix du ceste aux jeux olympiques.

SOLON.

D. Que nous apprendrez-vous de Solon ?

*R.*Solon naquit à Athènes vers l'an 639 avant Jésus-Christ. Après avoir acquis les connaissances nécessaires à un philosophe et à un politique, il se mit à voyager dans toute la Grèce. De retour dans sa patrie, il la trouva déchirée par la guerre civile. Athènes tourna les yeux sur Solon, et le nomma archonte et souverain législateur. Il publia alors ces lois que la postérité a toujours regardées comme le plus beau monument d'Athènes.

Les gens de bien devraient avoir continuellement dans le cœur et sur les lèvres cette maxime de Solon : *"Laissons-en partage au reste des mortels les richesses ; mais que les vertus soient le nôtre."*

Solon, voyant un de ses amis plongé dans une mortelle tristesse, le mena sur la citadelle d'Athènes, et l'invita à promener ses yeux sur touts les bâtiments de la ville. "« Figurez-vous maintenant, lui dit-il, si vous le pouvez, combien de deuils et de chagrins logèrent autrefois sous ces toits, combien il y en séjourne aujourd'hui, et combien dans la suite des siècles il y en doit habiter. Cessez donc de pleurer vos disgrâces, comme si elles vous étaient particulières, puisqu'elles vous sont communes avec touts les hommes »"

Cléobule.

D. Quand vécut Cléobule ?

*R.*Cléobule, fils d'Evagoras, était contemporain et ami de Solon. On ne le connaît guère que par ses maximes. Il recommandait "de ne point s'enorgueillir dans la prospérité ; de ne point s'abattre dans l'affliction ; d'obliger ses amis pour se rattacher davantage, et ses ennemis pour en faire des amis". Il dit aussi : *"Heureux le prince qui ne croit rien de ce que lui disent les courtisans !"*

Il mourut vers l'an 560 avant Jésus-Christ, dans sa soixante-dixième année.

PITTACUS.

D. Qu'est-ce que l'histoire nous raconte de Pittacus ?

R. Il était de Mytilène, ville de l'île de Lesbos. Il chassa de sa patrie le tyran Méléagre. Ses concitoyens lui donnèrent la souveraineté de leur ville. Il les gouverna en philosophe et en père, leur donna des lois sages qu'il mit en vers, et se démit ensuite du souverain pouvoir.

Ses maximes étaient celles-ci :

I. Il ne faut point publier ce qu'on a dessein de faire, afin que si l'on n'en vient point à bout, on n'ait pas le chagrin de se voir moqué.

II. Qui ne sait pas se taire, ne sait pas parler.

III. Prévoyez les malheurs pour les empêcher ; mais dès qu'ils sont arrivés, sachez les supporter.

IV. En temps de prospérité, acquérez des amis, et faites-en l'essai dans l'adversité.

V. Tel vous serez envers votre père, tels seront envers vous vos enfants

Pittacus mourut l'an 579 avant Jésus-Christ, à soixante-dix ans.

BIAS.

D. Dans quelle ville Bias était-il né ?

*R.*Bias était né à Priène, ville de Carie. Il florissait vers l'an 608 avant Jésus-Christ. Quelqu'un lui ayant demandé, ce qu'il y avait de plus difficile à faire ? Il répondit que "*c'était de supporter un revers de fortune*".

« L'espérance, disait-il encore, est un pavot qui endort nos peines ; mais l'amour du gain les réveille. »

On rapporte que, durant le siège de Priène sa patrie, il répondit à quelqu'un qui lui demandait pourquoi il était le seul qui se retirait de la ville sans rien emporter ? — "*Je porte tout avec moi.*"

PÉRIANDRE.

D. Que nous direz-vous de Périandre ?

R. *Périandre* était un tyran de Corinthe. Il fut mis par la flatterie au nombre des sept sages de la Grèce. Ce sage était un monstre. Mais les historiens n'ont vu en lui que le politique, le savant, le protecteur des gens de lettres ; ils n'ont pas vu le meurtrier, le débauché, le tyran. Il vivait environ 630 ans avant Jésus-Christ.

Fin de la mythologie

NOTES

[1] Nom des peuples de la Sicile. La Sicile était appelée Trinacrie, à cause de ses trois promontoires.

[2] Junon.

[3] Ile de la Grèce.

[4] Province du S. de l'Anatolie, à l'E. de la Carie et au S. de la Phrygie.

[5] Peuples d'Asie, voisins du Pont.

[6] Province de l'Asie Mineure.

[7] Aujourd'hui Maritza, dans la Romanie.

[8] Rivière de Thessalie, laquelle arrose la délicieuse vallée de Tempé, et se jette dans le golfe de Salonichi.

[9] Le Phase, aujourd'hui Faz ou Rioné, a sa source dans les montagnes d'Arménie, et se jette dans la mer Noire. Les campagnes voisines de ce fleuve étaient couvertes de faisans, ainsi appelés du lieu de leur origine. Le pays qu'arrose la Phase, s'appelait anciennement la Colchide. C'est aujourd'hui la Géorgie.

[10] Le Lycus est un fleuve de la Bithynie, province de l'Anatolie, appelée maintenant Beesangil. Le Lycus se jette dans la mer Noire.

[11] Le Caïcus, qu'on nomme maintenant Girmasti, est un fleuve de l'Anatolie. Il passe à Pergame, et se jette dans la Méditerranée, vis-à-vis l'île de Métélin, autrefois Lesbos.

[12] L'Énipée, fleuve de Thessalie, arrose les champs de Pharsale, où César vainquit Pompée. Il se grossit des eaux de l'Apidane, aujourd'hui Salampio, et se jette dans le golfe de Salonichi.

[13] Le fleuve du Tibre prend sa source dans l'Apennin, et se jette dans la mer de Toscane, à Ostie.

[14] L'Hypanis porte à présent le nom de Bog. C'est une grande rivière de la Russie polonoise, qui borne l'Ukraine, et se jette dans le Dniéper, un peu avant son embouchure.

[15] Anio, aujourd'hui Tévérone, passe à Tivoli, et tombe dans le Tibre, au-dessus de Rome

[16] Eridan ou le Pô. Les anciens l'appelaient le roi des fleuves. Il naît au Mont-Viso, et se jette dans le golfe de Venise.

[17] Ville de la Macédoine.

[18] C'est une partie de la mer Égée, appelée depuis Archipel.

[19] Ile de la Méditerranée, l'une des Cyclades.

[20] Aujourd'hui Calamo ou Calimène, île de l'Archipel.

[21] Nicaria ou Icaria, île de l'Archipel.

[22] C'est aujourd'hui le détroit des Dardanelles.

[23] L'auteur de Télémaque a aussi décrit très-éloquemment les douleurs de Philoctète, sur la fin de son 15e livre.

[24] C'est l'île de Corcyre, autrement Corfou.

[25] Près du cap méridional de l'île de Négrepont.